明心不昧

百丈禪寺祖庭水陸禪

靈鷲山出版暨研究中心編著

序

不被繫縛　處心自在

今年我們有一個因緣機會到江西百丈寺打水陸，實在非常的歡喜，大家都知道百丈寺是著名的懷海大師當年傳法的祖庭所在，古德言：「禪門獨行，由百丈之始。」可見懷海大師對後世的影響有多大。

靈鷲山在臺灣舉辦水陸法會至今已邁入十八個年頭，《梁皇寶懺序》言：「普願大地眾生，咸悟本來之覺性。」對於覺性的護持，可以說是我們每年升起壇城、嚴淨結界的初發心所在，《華嚴經》說：「初發心時便成正覺。」初發心就是初發求菩提之心，也就是回返「清淨實相」的覺性本來。覺性是我們每個人原本具

足的本來面目，只不過因為愛欲妄見，而生起三界六道的幻化分別。這就是《楞嚴經》所說：「一切眾生，實本真淨，因彼妄見，有妄習生，因此分開」的道理。

我們修行就是在重新找回明朗清楚的覺性風光，也就是圓融無礙的心，在這個覺性裡面我們彼此之間是沒有分別的，當我們真心和諧地以無分別心觀照一切，自然會對眾生發起體性平等之大悲心，這就是「同體大悲」。文殊菩薩說大悲行「依於一切眾生處修」，我們靈鷲山的水陸法會也就是一種大悲願行的實踐，發願藉由壇城道場的升起，指

引六道眾生一條找回到原本具足光明覺性的道路。

因此在水陸法會裡，我們一方面發起「離苦得樂」的出離心，另一方面則是生起不著相而入世度眾生的大悲心，這正是靈鷲山宗風「慈悲與禪」的具體落實。

《楞嚴經》說：「分別見妄，當處發生，當業輪轉」，懷海禪師則云：「一一諸法，當處寂滅，當處道場」。真心就是我們自己的道場，在諸法面前而心無所住，所謂「不住繫縛，不住解脫」，如實了知「求福求智，皆是生死」的禪理，真正的無住、不求，才是「處於生死，其心自在」的菩提智慧。

懷海禪師曾說禪悟之道無他，只是「莫記憶，莫緣念，放捨身心，令其自在」。我們在百丈寺，「不落」於執取一千兩百年前的種種因緣際會，但卻是心懷祖師的啟發，「不昧」於一切人間因緣的成壞生滅之法。但無論如何，心地明悟，一切世間出世間諸法，還是應當明明朗朗、清清楚楚，一切如其所如，直會我們人人本具的自性風光、本來面目！

目錄

第一篇
同歸心源水陸禪

明心不昧

引言

　　大約在二千五百多年前的靈山會上，由「拈花微笑」這一公案故事而開啟了禪門「教外別傳」的教化緣起，而自達摩西來，把這「直指人心，見性成佛」的種子深植在中土這塊土地上，禪門祖師大德透過「以心傳心」方式，使得宗門驪珠代代相傳，法脈不絕。禪宗基本精神為「明心見性」，六祖當初即是聽聞《金剛經》的「應無所住而生其心」而大悟，於是驚嘆說：「何期自性本自清淨，何期自性本不生滅，何期自性本自具足，何期自性本無動搖，何期自性能生萬法！」這是直下識自本心、見自本性的開悟境界。從達摩祖師到六祖惠能，這是中國禪宗思想最基本的原型。

　　然而，由於宗門獨特活潑的教學和傳法方式，與當時流行的其他佛教宗派的風格迥然有別，加上早期禪宗修行者大都沒有建造專門的修行道場，但隨著加入僧團的僧人越來越多，逐漸形成專門進行禪修的團體，最早建立此一團體者便是馬祖道一。另鑒於僧眾彼此間生活起居必須要有一共同規範，故百丈懷海便參照大小乘戒律內容，制定出一套適合於禪修叢林的《清規》，也就是約束僧團、管理寺院的條例，此即《百丈清規》的由來。因

此後世便有「馬祖建叢林，百丈立清規」的美談。

　　所以，當年百丈懷海大師在江西大雄山建立宗門叢林，創立禪門規矩制度，使得宗門法脈能夠穩定的傳承下來，自此之後，禪門更是日漸興盛蓬勃，所以古德有謂：「禪門獨行，由百丈之始。」到了一千二百年之後的今天，在2011年8月下旬時，在香港旭日集團的楊釗居士護持之下，發起舉辦百丈禪寺的水陸大齋法會，靈鷲山開山和尚心道法師親自率領弟子們來到百丈禪師的禪門祖庭，創建了一場深具歷史意義的水陸法會，這稱

得上是二十一世紀復興禪門祖庭的重要象徵。

明心不昧

思想上的水陸與禪

或許有人以為，禪宗不是講「直指人心，見性成佛」，因此，不是應該念茲在茲的發起「明心見性」嗎？哪有閒功夫舉辦水陸法會？然而，「明心見性」並不是如字面看來這麼的簡單，其內涵意義既深且廣，正如六祖惠能大師所說：「佛法在世間，不離世間覺，離世覓菩提，恰如求兔角。」（註1）「明心見性」也是如此，這是與世間一切法不可分離的。

主張「闡提成佛」的道生法師（355-434），有所謂「闡提成佛」，是指善根斷盡的一闡提眾生同樣也有成佛的可能性，據《佛祖統紀》記載：「道生者初入廬山蓮社，後至長安從羅什，見法顯譯《泥洹經》云(六卷者)『除一闡提皆有佛性。』師曰：『阿闡提人(此云信不具也)含生之類，何得獨無佛性？此經來未盡耳。』乃唱闡提之人皆當成佛。」（註2）根據「闡提之人皆當成佛」這一前提，道生法師進一步說「青青翠竹盡是真如，鬱鬱黃花無非般若」，據此，南陽慧忠國師（生年不詳，示寂於西元775年）解釋道：「此盡是文殊、普賢大人境界，非諸凡小而能信受，皆與大乘了義經意合。故《華嚴經》云：『佛身充滿於法界，普現一切眾生前。隨緣赴感靡不周，而常處此菩提座。』

翠竹不出法，豈非法身乎。」
（註3）

得到六祖惠能大師「心印」的南陽慧忠國師之所以引用《華嚴經》的毗盧遮那佛法身觀念來闡述竺道生的「青青翠竹盡是真如，鬱鬱黃花無非般若」，表顯出眾生本具的本覺心源是遍滿一切法的，慧忠國師亦常常對眾生開示「禪宗學者應遵佛語一乘了義契自心源」的內涵（註4），可見禪門所講的「明心見性」絕不只是孤立的真心佛性，而是與萬法相即不離的真如佛性、般若真心，靈鷲山心道法師也常開示說「一切眾生都是生命共同體」，可見真心佛性是不離萬法的，更彰顯出一切有情眾生都是休戚與共的生命共同體。

進一步說，要了解生命共同體的內涵，關鍵是我們的「心」，《華嚴經》說：「心如工畫師，畫種種五陰。一切世界中，無法而不造。……諸佛悉了知，一切從心轉，若能如是解，彼人見真佛。」（註5）歷代禪門祖師也從此「心」來了悟萬法，所謂「百千法門，同歸方寸。河沙妙德，總在心源。一切戒門、定門、慧門、神通變化，悉自具足，不離汝心。」（註6）至於集一切佛事之大成的水陸法會，同樣是不離這一「心源」而貫通於萬法，《法界聖凡水陸大齋普利道場性相通論》在結界儀式的部分一開始即說：「法性湛然，本周法界，甚深無量，路絕言思，為一念之失宗，遂千般之隔

妄。……開啟道場，聖凡普利，加持密語，復本心源。」（註7）而現今一般通行的水陸法本，其內文也說到「一切法唯心本具，全心發生」（註8），可見本覺心源、靈明真性是「明心見性」的關鍵，而這真心真性又與一切有情眾生的生命相即不二，所以，真正的「明心見性」必然不只是禪修者一個人的開悟，終極圓滿的「明心見性」也就包含幫助一切眾生了悟自身的真心本性，這不單是理上如此，事相上也應該這樣。

因此，禪門的「明心見性」同樣是自覺覺他的菩薩道，只是相較於教門的教導，禪門教育更是靈活多變，因應不同的時機和眾生不同的根機，靈活運用不同的法門，無論是默照禪、文字禪、參話頭，以至於生活裡面的吃飯穿衣、挑水劈柴，甚至是揚眉瞬目等等的一舉一動，隨時隨地都有禪機，每一個日常生活的細節處都有可能開悟，其重點與目的只有一個，就是明自本心、見自本性，由此而傳承佛陀的心印，究竟地說，就是把佛陀心印傳給每一位眾生，所以禪宗又稱為佛心宗。

正是由於眾生根器的千差萬別，於廣大的法界裡面，存在著各種各樣的眾生，有受苦極深的地獄道眾生，有吃東西永遠無法下嚥的餓鬼道眾生，有被愚癡捆綁的畜牲道眾生，這些三惡道眾生由於業障深重，一般都不容易透過純粹

的自覺自悟而由苦道中超拔出來，「明心見性」對這些惡道眾生來說似乎是遙不可及的奢望，但事實上並不盡然，翻開三藏十二部，可以發現諸佛菩薩，加上歷代高僧大德，他們為了度盡一切有情眾生，廣開無量的方便法門。

就以在中土漢地發揚光大的各種經懺佛事來說，水陸法會可說是這當中的集大成者，幾乎所有佛事都可以在水陸法會中進行。回顧水陸法會在佛陀時代的緣起，據《佛說救面然餓鬼陀羅尼神咒經》（註9）記載，是佛陀教導弟子阿難如何施食給餓鬼和婆羅門仙人的方法，以化解阿難本身的累世業障，並由此而廣植福田，所以這施食法實是自利

利他的殊勝法門。至於中土漢地的緣起，據傳源自南北朝時代，謂有一神僧夜半託夢給梁武帝（註10），告之「六道四生受苦無量，何不作水陸大齋以拔濟之」，這是基於六道眾生的苦難而起大悲拔濟之心，是化度一切眾生慈悲精神的展現。

因為大乘佛法這份慈悲一切眾的精神，梁武帝聽從寶誌禪師的建議，廣尋大藏經文字，了解其中的因緣和經論上的依據，經過三年的查閱和整理，終於完成「水陸儀文」，並於佛菩薩面前起誓以檢證「水陸儀文」是否契合聖意，當確認無誤之後，便依據儀文設置水陸大齋法會，使得這些受苦無量的六道群生，能有機

明心了味

會來參加水陸大法會，藉著這一殊勝因緣，接受佛法的洗禮，讓地獄、畜牲、餓鬼這三種眾生能藉此機緣出離惡道、轉生善趣，而其他各道眾生以及參與法會的齋主，也於這水陸法會中接受佛法的薰陶，還沒有皈依者當下即皈依佛法僧三寶，已皈依者亦得當下發起上求菩提、下化眾生的菩提心。而所有接受佛法、皈依佛法的眾生，發起大心悲願，不疲不厭，修持佛法，廣度一切有情眾生，與諸佛菩薩同作佛事，所呈現正是自利利人、自覺覺他的菩薩道精神。

或許有人認為這樣的佛事儀軌，實在與「見性成佛」沒有直接的關係。然而，所有的佛弟子都要了解和接受佛陀的基本教導，必須曉得，三世因果是佛教最基本的思想。翻開記錄禪宗歷史的典籍來看，也看看當今眾多的禪修者，從古到今，都可以發現開悟者與悟道行人。我們的問題是，雖然說一切眾生皆有佛性，為什麼有些行者似乎比較容易開悟，有些則非常困難？答案其實很簡單，這跟眾生的累世福德因緣有關係。水陸法會雖然無法直接使每個參與法會的眾生當下「明心見性」，然而，由於水陸法會是各種佛事的大綜合體，度化的是水陸空乃至於一切六道群生，更能夠減輕甚至是化解累世與當世的業力障礙，所以功德最大。以接受佛法的洗禮，獲取佛菩薩的加持，增加更豐富美好的福德因緣，由此幫助我們自己和其

他眾生把「心」打開，自然
能有更殊勝的因緣以「明心見
性」。

　　所以，水陸法會在豐富
多元的佛事儀軌背後，還有更
深層的內涵意義，所謂救度水
陸空一切有情眾生、普濟六道
群靈，一方面這是大乘菩薩道
慈悲一切眾生的共同法門。另
一方面，救度眾生包含自覺和覺
他，當這明悟、了悟、徹悟達
於心源，真心靈性的開顯即是
禪門講的「明心見性」，得見
自身的本地風光、本來面目而
見性成佛。

明心子味

歷史上的水陸與禪

根據傳統說法，中土漢地的水陸法會起源自南北朝的梁武帝時代，這主要是根據宗鑒編著的《釋門正統》和志磐撰述的《佛祖統紀》裡面的記載，《釋門正統》卷四說：

所謂水陸者，取諸仙致食於流水，鬼致食於淨地之義。亦因武帝夢一神僧告曰：「六道四生，受苦無量，何不作水陸普濟群靈？諸功德中最為第一。」帝問沙門，咸無知者，唯誌公勸帝廣尋經論，必有因緣。於是搜尋貝葉，置法雲殿，早夜披覽。及詳阿難遇面然鬼王，建立平等斛食之意，用製儀文，三年乃成，遂於潤之金山寺修設。帝躬臨地席，詔祐律師宣文（註11）。

志磐《佛祖統紀》說法的意思與這段話相同，不過，無論是《釋門正統》或《佛祖統紀》，都是宋代的作品，與梁武帝時代相差了數百年。據傳梁武帝時代之「水陸儀文」至今還沒有發現，現存《卍續藏經》所收的《法界聖凡水陸勝會修齋儀軌》是志磐編撰的（案：這是現今通行水陸法本的底本，以下簡稱《水陸儀軌》）。但可以肯定的是，自宋代以降，水陸法會逐漸廣為流行。至於宋代之前的水陸法會，恐怕還需要等待可能已被

隱沒於歷史之相關史料的出現，才可能對南北朝至宋代以前的水陸傳承有所釐清。

雖然如此，傳統說法還是有其意義的，所謂「阿難遇面然鬼王，建立平等斛食之意，用製儀文」，這是根據《佛說救面然餓鬼陀羅尼神咒經》裡面記載而來，並歸納出「諸仙致食於流水，鬼致食於淨地」等基本施食原則，這應是水陸法會最直接的經證來源，難怪《水陸儀軌》以此為「阿難施食之遺意」（註12）。另外，梁武帝夢神僧而生起以水陸法會來普濟群靈的念想，加上寶誌禪師的勸導和建議，以及僧祐律師的宣讀儀文，這構成水陸法會緣起的完整模式。

根據「志磐版」的《水陸儀軌》所載，在奉請上堂儀軌時，有奉請「發揚水陸，流通至教，製儀立法」的諸位大士，其中禪師幾乎佔了一半，這包括上述提到的寶誌禪師，還有唐代的道英禪師、宋代的佛印禪師和宗賾禪師（註13）。雖然若以嚴格歷史文獻之考證來檢視的話，像寶誌禪師是否真的有勸請梁武帝制定水陸儀文還有待證明，但重點是，寶誌禪師在佛教歷史上被視為創制、發揚水陸的第一代大士，其代表性無庸置疑，這箇中道理表示禪師身份以及禪的思想義理與修行精神，跟水陸實踐沒有矛盾，兩者甚至相輔相成。

明心子味

《景德傳燈錄》裡收錄了寶誌禪師的簡傳及他的部份著作，其中有《大乘讚十首》，其中有云：「煩惱因心有故，無心煩惱何居，不勞分別取相，自然得道須臾。」另一首又云：「可笑眾生蠢蠢，各執一般異見，但欲傍鑒求餅，不解返本觀鏌。鏌是正邪之本，由人造作百變。所須任意縱橫，不假偏耽愛戀，無著即是解脫，有求又遭羅罥。慈心一切平等，真即菩提自現。」（註14）「鏌」指的應是我們的方寸之心，故說「鏌是正邪之本，由人造作百變」，所以正邪、善惡、迷悟的關鍵點都在一心。其中，「真即菩提自現」，就是真心、不造作，自然「菩提自現」而開悟；心慈悲，則一切平等。這是慈悲與禪悟的雙軌並行，而這正好相應於水陸法會的基本精神。

除了上述儀文中提到的四位禪師，歷史上還有為數不少的宗門禪師曾經參與水陸大齋勝會，自宋元時代以降，有不少是皇室、官員們發起的水陸法會，例如在元代仁宗皇慶年間，皇室下旨給臨濟宗大慧派的著名禪師元叟行端，請其在金山設水陸大會，並且陞座說法（註15）。尤其在改朝換代、新王朝剛建立時，皇室每就此機緣大赦天下而修建水陸法會，如明朝洪武元年（1368）即「大赦天下洽以寬恩，無辜冤枉亦蒙濟拔；特賜銀帑，命善世院就蔣山禪寺修建冥陽水陸大齋七晝夜。」（註16）

另，宗門打水陸通常都會請禪師陞座說法，這說得上是名副其實的「明心見性水陸會」。以元代著名的月磵文明禪師為例，他在水陸法會期間陞座說法，月磵禪師開示道：

一法若有，毗盧墮在凡夫；萬法若無，普賢失其境界。心生則種種法生，心滅即種種法滅。若於千聖頂上開得隻眼，則無佛無眾生，亦無有天堂地獄。其或未然，則陰陽昭于二境，善惡判乎兩途，善則超於諸聖，惡則有鑊圍百刑之苦。我佛具大慈憫故，救度一切諸眾生。召眾云：主丈子只今，化作釋迦大覺世尊，領諸徒眾無數億萬於虛空界，身高七多羅樹，放眉間五色毫光，照破種種地獄鑊床，化作蓮華座，劍樹化為百玉梯，鑊湯化為芙蓉池。重說十二因緣，無明緣行，行緣識，識緣名色，名色緣六入，六入緣觸，觸緣受，受緣愛，愛緣取，取緣生，生緣老死憂悲苦惱。說甚因緣竟，於是一以深重非業之因，悉得超生化樂之宮。只如現前一眾，試填受生，或薦祖禰，或寄寶藏，一一悉得。如預懂喜踴躍，嘆未曾有。（註17）

月磵禪師的開示，一方面點出宗門直探方寸心源的究竟，若開得隻眼，直達心源，「則無佛無眾生，亦無有天堂地獄」，可謂一悟而頓超三界。另方面，若沒有辦法直了自性，則諸佛菩薩廣開方便之門，水陸法會即其明顯例子，

明心不昧

集各佛事之大成，能「照破種種地獄銕床，化作蓮華座，劍樹化為百玉梯，鑊湯化為芙蓉池」，但重點是藉此方便而導向究竟，說甚深緣起法，眾生各以其不同因緣根器而領受法味，或轉生善道，或直下了悟，無論是何者，皆各得其所，可說是利鈍諸根全度，最終皆歡喜踴躍。

從漢地水陸歷史整個發展來看，一開始時或許是特別針對惡道的苦難眾生而起，但其潛藏的思想義理與禪門自性心源的法義是相通的。檢視歷史，發現不少禪門打水陸的例子，而以上舉的月磵禪師水陸陞座說法開示，其內容點出了禪門的直徹心源底蘊，與水陸方便普度的並行不悖、相互

為用，所以，禪與水陸是相互圓融圓滿，最終皆導向自性心源的開悟，得見自身的本來面目。

第一篇
同歸心源水陸禪

明心了味

靈鷲山水陸的緣起和內涵

　　經過以上分別從文獻、義理脈絡，以至於歷史事實的分析與闡述，不難看到禪與水陸整個密不可分的微妙關係。至於談到靈鷲山的水陸實踐，這又與慈悲與禪悟的宗風實踐精神有所關連。回顧二十多年前，心道法師經歷了十多年的墓地禪坐苦修，體會到「默默忘言，昭昭現前，鑒時廓爾，體處靈然」默照禪理境。最後有兩年時間甚至是斷食的刻苦閉關禪修，最終體悟到「無生無滅無涅槃，圓滿寂滅不動尊」的境界，禪悟到緣起性空的無生智慧，並從般若性空觀緣起，觀一切眾生於這個緣起娑婆世界的種種苦，遂生起度一切眾的願力。心道法師曾說：「緣起性空叫做涅槃，性空緣起叫做菩薩道。」於是在1984年以「靈鷲山無生道場」之名開山，本著慈悲一切眾的精神，以「傳承諸佛法，利益一切眾」為靈鷲山的弘法理念，本著佛陀「涅槃妙心」的心印傳承，傳承慈悲與禪悟的宗風實踐，深深感悟到一切有情眾生皆是生命共同體，毗盧遮那佛法身境界遍滿一切，而一切最終又不出禪悟一心的心源。

　　心道法師於禪修過程之中體悟到，方寸心源為一切之本，但紅塵世間的凡夫眾生卻容易被眼前的事物現象所迷惑，以為山是山、水是水、你是你、他是他、我是我，好像一切人事物彼此都沒有任何關

係，並且一切皆以自我為中心，以為全世界都圍繞著自己打轉，認為這是我的、這是我所有的，但是所想的往往與現實相反，皆因這是顛倒妄想的見地，於是，時時刻刻都生起煩惱障礙，整個生命都被貪、瞋、癡、慢、疑所宰制，生生世世輪迴生死大海。而罪業深重的眾生，甚至墮入地獄、畜牲、餓鬼等三惡道中去，受苦無量。

如同前面所闡述的，愈是能明自本心、見自本性，愈能體會到眾生的苦難，因此，在一特殊因緣之下，靈鷲山自1994年就興辦第一場水陸法會開始，十多年下來，本著禪悟不離一切眾的悲心大願，不疲不厭，每年皆不間斷地籌辦這一深具歷史意義的普度大會。

如同前面所歸納，水陸緣起的源頭，自佛陀住世時阿難施食餓鬼和婆羅門諸仙等眾，以及相傳一千多年前梁武帝在金山寺興辦人類歷史上第一場水陸法會開始，水陸法會便一代接一代傳承下來。佛陀授予阿難的施食法門以及梁武帝時代據傳的金山水陸，都是這一超度佛事的重要源頭，而他們當時都各有其特殊的歷史因緣條件。靈鷲山水陸與此源頭有著非常微妙的關係，這要從心道法師的修行因緣說起，於1975年時，心道法師開始在宜蘭的塚間禪行苦修，在墳場墓地間精進修行時，感受到其他六道群生的特殊能量，心道法師自述當時的情況：

我在墳場修行時，彷彿聽到有哭聲、叫聲，經常會吵到

我。那個哭聲很奇怪，一般的哭我們都知道從哪裡傳來、誰在哭，而且哭的時候你不一定會有什麼感覺……會像針一樣刺你的耳朵，這樣用鑽的，鑽得痛得要死。那時，我想如果他們每晚、每天都這樣哭，我就不用在這裡修了。

於是，在這進入禪境的時候，心道法師在轉念之間，想到要迴向給這些六道群生，當時念的就是《金剛經》，於是以念經功德迴向給這些眾生，並且許下承諾日後禪修有成必然盡力救度六道群生。要知道，塚間修行非常容易產生各式各樣的無形恐懼，像心道法師遭遇到這些可能來自六道群生的特殊能量，必須要有一

定的禪悟能量，再加上慈悲願力，才可能一步步地超越。

心道法師在這十多年的努力閉關禪修的時候，一直信守自己的承諾，每一個月都會為冥界眾生進行「圓滿施食」的儀軌，心道法師說：

我是用感恩的心在做，因為很多六道眾生是我們的父母、我們歷代的祖先、冤親債主，都是跟我們息息相關的，他們能夠離苦得樂，就是我們最大的幸福。

從「圓滿施食」這一儀軌開始做起，每月給他們辦「圓滿施食」，但六道眾生中有太多太多受苦的眾生需要被

救度，由於想要更徹底的化度更多的眾生，於是，想到以最大型的普度法會來救度六道眾生，心道法師說：

　　每一個月我自己做一個叫做「圓滿大施食」，我每一個月都做超度的事情。……不夠！必須要用最大的超度法門來幫他們超度才可以！所以水陸法會就是超度我們水、陸、空一切眾生。請法師一百多個，供品很多，再來就是念經很多，我們做這種事是很認真去做。

　　體會到更深層禪悟經驗之後，心道法師一直不間斷地實踐其慈悲一切眾的心源，從塚間修時開始念經迴向、每月施食苦難的鬼道眾生，到後來每年以最大的超度法門來救度水、陸、空一切有情眾生。因此，心道法師本著傳承佛陀心印的自悟悟他，悟盡一切心源本性，由此一因緣，靈鷲山水陸佛事繼承阿難施食餓鬼及梁武帝興辦水陸法會的傳統，成就了靈鷲山自1994年以來的水陸法會。十多年下來，本著「傳承諸佛法，利益一切眾」的佛陀本懷，傳佛心印，參悟歷代祖師的禪悟經驗，年年如法啟建水陸佛事，以「生命尊重生命，生命服務生命，生命奉獻生命」的生活禪理念，實踐利益一切生命的殊勝大法會。

明心子味

在2011年8月下旬，心道法師率領靈鷲山僧俗弟子前往江西百丈禪寺主持水陸法會，繼承禪門祖師的傳統，心道法師在百丈寺水陸期間也陞座說法，於結界佛事時，心道法師開示說：

禪門打水陸，古來有之，近代虛雲老和尚更是經常以水陸法會來度拔亂世群靈。我非常景仰墓地苦行的大迦葉尊者，自身也在墓地、山洞中禪修十多年，默照自己的靈性、讓靈覺透脫出本來面目，體悟百丈禪師「靈光獨耀，迴脫根塵」的本地風光。當靈覺透脫光明、周遍一切時，特別容易想到眾生的苦，進而發起度拔一切苦難的悲心願力，而水陸大齋法會，是最大型的超度法會，能以禪悟智慧的火炬，照破地獄千年黑暗，度拔苦難群靈的殊勝法門。

心道法師非常精準扼要地由自身的禪修經歷，點出了禪門「明心見性」與水陸普度的微妙關係。簡單的說，當參禪者直透自性心源時，從其寂靜而廣大無邊的境地裡面，愈發能體會河沙妙德與一切眾生的不可分割之關係，所以方寸心源是一切的關鍵，由此而自度而度人、自悟而悟他，最終自他圓滿，這是禪師打水陸的奧妙所在。

明心不昧

結語

我們在水陸法會的相關論述中，可以發現佛教以三世因果的觀念為基礎，所謂「萬般帶不去，唯有業隨身」，指的是一種道德選擇上的「惡業」。此外，中土漢地固有「鬼有所終，乃不為厲」的講法，也就是死後奉祀為「祖先」才能有所歸屬定位，著名漢學人類學家武雅士（Arthur Wolf）說：「你家的祖先，是我家的鬼」即是這個涵義。若未得其死後地位，便以各種形式現身騷亂人們，虛雲老和尚故言：「無主孤魂，罔有得所，……一應枉死等眾，均須一體普渡，以慰幽靈。死者得安，生民獲益，所謂普利冥陽是也。」

禪門向來主張「明心見性」、「即心是佛」，所謂「當處寂滅，當處道場」的「自我頓悟」之道，表面上似乎與為亡魂超薦的水陸法會截然有別。但誠如上述分別從歷史和思想發展脈絡來看，禪門的「百千法門，同歸方寸。河沙妙德，總在心源。」與《楞嚴經》「妄有三界」，以及《華嚴經》說的「三界虛妄，唯一心作」，其內涵完全相通。三界固然心造，生死輪迴等一切法亦復如此，《楞嚴經》因言：「一切眾生，從無始來，生死相續，皆由不知常住真心，性淨明體，此想不真，故有輪轉。」所以只要「明心見性」，頓悟本性真

心，即能「當處解脫」，馬祖道一禪師說：「種種成立，皆由一心也。建立亦得，掃蕩亦得。」所以，水陸道場的超薦法事雖未必一定能令六道眾生當下開悟解惑、脫離輪迴之苦，但從禪門「總在心源」這一關鍵之下，水陸道場的確能夠在不同程度上幫助六道群生心開意解，使得一切眾生都在同一心源的基礎上，都能夠有見性成佛的因緣。

其實，水陸法會所行的佛事儀軌之內涵與禪門精神是絕對相通的，例如，《水陸儀軌》明確提到的懺悔法：「懺悔法者，有事有理。理者，正觀；事者，助道。正觀者，即觀法性，法性者，諸法實相也。助道者，身旋禮、口讀誦、心策觀，正助合行，是懺悔法也。」（註18）說的就是這個道理。我們今日舉辦的水陸法會，正是作為開悟解惑的引領者角色，不過是藉由結界壇城的道場「以事為助」，給予六道眾生解脫輪迴之苦的一個「開悟」機會。所以，心道法師說：「明心見性的人，乃是徹底知道眾生的痛癢，因為整個宇宙都和他有關係。」而在2011年8月，心道法師到江西百丈寺參與指導這次禪門祖庭的水陸法會之時，心道法師一再強調，這七晝夜的水陸，其實正是跟我們自身靈性、覺性相處的最佳時機。這不就是同歸自性心源的「水陸禪」嗎？

明心不昧

註釋

註1. 《六祖大師法寶壇經》，大正藏48，頁351c。

註2. 《佛祖統紀》卷第三十六，大正藏49，頁342a。

註3. 《祖庭事苑》卷第五，卍新纂續藏經64，頁387b。此處引用的《華嚴經》經文的最後一句「而常處此菩提座」與原經文的文字有一點點的差異，原譯文應是「而恒處此菩提座」，見大正藏10，頁30a。

註4. 《佛祖歷代通載》卷第十三，大正藏49，頁598c。

註5. 大正藏9，頁465c－466a。

註6. 《景德傳燈錄》卷第四，大正藏51，頁227a。

註7. 《法界聖凡水陸大齋普利道場性相通論》卷第二，卍新纂續藏經74，頁831b。

註8. 《法界聖凡水陸勝會修齋儀軌》卷第四，卍新纂續藏經74，頁809a。

註9. 《佛說救面然餓鬼陀羅尼神咒經》，大正藏21，頁466a－b。

註10. 詳見《佛祖統紀》卷第三十三，大正藏49，頁321b。

註11. 卍新纂續藏經75，頁303c。

註12. 卍新纂續藏經74，頁797c。

註13. 卍新纂續藏經74，頁791c－792a。另，當今通行本的《水陸儀軌》，還補上志磐法師，以及後來補輯儀文的蓮池大師和源洪法師，見《水陸儀軌會本》（臺北，白馬精舍，1996），頁108。

註14. 《景德傳燈錄》卷第二十九，大正藏51，頁449c。

註15. 《續傳燈錄》卷第三十六，大正藏51，頁712b。

註16. 《列祖提綱錄》卷十六，卍新纂續藏經64，頁134a。

註17. 《月磵和尚語錄》卷上，卍新纂續藏經70，頁515b。

註18. 《法界聖凡水陸勝會修齋儀軌》卷第四，卍新纂續藏經74，頁810a。

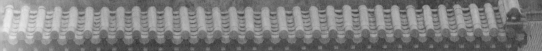

第二篇
誰在念佛～心道法師百丈禪寺開示語錄

明心不昧

內壇「結界」開示

時間：2011年8月22日
地點：水陸內壇

　　諸山長老，諸位法師、各位大德菩薩，吉祥！古德說：「禪門獨行，由百丈之始」，今天我們來到百丈懷海大師傳承禪法的一個祖庭打「水陸七」，內心十分歡喜，感受到昔日禪風將再現此地，並以慈悲度眾的風光呈現。今天結界將正式開啟水陸大齋勝會內壇佛事。感謝楊釗居士，諸位大德，讓我來主法。心道何德何能，在諸山長老面前，傳此語言文字？僅以真誠的心，結十方法緣。

　　禪門打水陸，古來有之，近代虛雲老和尚更是經常以水陸法會來度拔亂世群靈。我非常景仰墓地苦行的大迦葉尊者，自身也在墓地、山洞中禪修十多年，默照自己的靈性、讓靈覺透脫出本來面目，體悟百丈禪師「靈光獨耀，迥脫根塵」的本地風光。當靈覺透脫光明、周遍一切時，特別容易想到眾生的苦，進而發起度拔一切苦難的悲心願力，而水陸大齋法會，是最大型的超度法會，能以禪悟智慧的火炬，照

▲心道法師於內壇結界開示情形

破地獄千年黑暗，度拔苦難群靈的殊勝法門。

結界乃是讓整個法會現場成為神聖的空間，使法會壇城內外、上下，成為清淨無染的金剛聖地。也就是說我們法身的結界，我們必須要如法如儀地，施行結界的儀式，以觀音菩薩的大悲水、大悲心加持，以毗盧遮那佛的灌頂光加持壇內外，普令六道群生清淨覺醒，大眾要虔誠的禮請龍天護法降臨、守護壇城，讓壇場清淨，使壇場不受干擾，十方法界眾生皆能匯聚此地，沐浴法水，聆聽法教，一同離苦得樂。

我們的生命，這個記憶體，過去因緣所累積下來的一切，會在今生顯現，而這一生所造的這個業，也會記憶來世。因此，對於生命中，所遭遇的因緣現象，不要選擇去記憶憤恨，就算是壞的，我們也不要去做對立關係，因為，仇恨只會帶來更多的仇恨，由貪瞋癡慢疑五毒所引發的衝突，只會破壞我們這個生存系統的一個和諧，帶給這個世界嚴重的災難。不管好緣、壞緣都是緣，我們要慈悲的接受，並努力的將它轉化成為善緣

明心不昧

的延伸，才能夠解脫生命的輪迴，就不會有痛苦。我想我們水陸，最重要的就是把這個糾葛解了，也就是解冤、解業、解碼，解我們記憶體中對彼此的一切的業，進而能夠產生善業。

水陸法會，就是透過「懺悔、誦經、供養」來轉化貪瞋癡的記憶體，使生命與生命之間，能超脫罪苦、超越障礙，而能夠連結圓滿和諧的一個因緣和合。「懺悔」，是剷除自己與一切有情的怨結，直到心亡罪滅兩俱空，純淨三世一切的因果關係。「誦經」，是明亮自己，供養別人，疏導思想的阻礙，教導我們釐清生命的糾葛，走向願力的道路。「供養」，則是以無所住而生其心

行布施，增長福德善緣，轉化生命過程中的逆緣。那麼水陸大法會的利益，就是將懺悔、誦經與供養的功德，迴向給我們歷代祖先，一切的善緣，眾生，都能共同了脫生死、趨向淨土。

希望大眾把握此次殊勝的水陸勝會，守護自己的心，持戒、精進，以清淨的身語意，於二六時中，念佛、念法、念僧，護念一切的有情，在時空交錯的靈性世界中，自他交換，也連結了無盡善緣，形成「盡虛空、遍法界的慈悲結界」。

各位菩薩大德，我們生活在人與人、人與社會、人與自然的重重關係中，要時時清

淨，不要放逸自己的心，將內心的潛在種子，轉化成為佛的菩提種子，並以慈悲願力將它彰顯在生活世界中，讓佛國淨土就在我們人間開花結果。萬法唯心所造，相信我們的心，從懺悔、供養、念經當中，讓我們的心平安，世界一定就平安了。在這個水陸之間，最重要的就是我們的虔誠，我們在這個禪宗的道場，以無相、離相的心，來虔誠的做水陸的一個結界，來讓這次的水陸順利、平安、圓滿、成功。

明心子味

「幽冥戒」開示

時間：2011年8月24日
地點：水陸內壇

　　今天要進行的是幽冥界的佛事，幽冥界就是仰仗佛菩薩的大悲願力，攝受眾生的靈識，加上各位虔誠念佛的感召力，眾緣和合，使得冥界眾生有機會能皈依三寶，懺悔業障，發菩提心，受大乘戒。從持戒修善中，轉化業力，使他們超離輪迴，獲得解脫，《楞嚴經》說：「攝心為戒，因戒生定，因定發慧」，戒定慧這三學，正是以戒為基礎，百丈禪師說：「參禪問道，戒律為先」，無論宗門或教門，皆以學戒為一個根本所以。幽冥界是水陸會中，非常重要的一場佛事，眾生由於不知道因果，又不認識佛法，所以有意無意中，造了許多的惡業，輪迴在惡道受苦。而一切苦生起，都是由於內心的執著，所以我們要透過善知識的引導，找回本心，認識我們自心，才能夠真正離苦。

　　因此今天為一切法界眾生，做大皈依，受幽冥戒，就是希望一切在苦海輪迴的眾生，都能得到佛菩薩的接引，學習佛法，放下執著，遠離貪

瞋癡的一個習氣，遠離輪迴。什麼是戒？《華嚴經》說：「戒是無上菩提本，應當具足持淨戒。」戒的功德，《阿含經》說：「持戒清淨，心離愛欲，所願必得。」究竟如何持戒？《理趣經》說：「若欲圓滿淨戒波羅蜜多，應當如是發廣大心：『普為憐愍一切眾生。』」受幽冥戒，首先要召請法界眾生進入會場，為他們開示，體性大智，輪迴之苦，並提示發起信心，再皈依三寶，使他們能夠依止正法。

受幽冥戒之前，有四個前提。一是要發起信心，學佛是世間最大的福氣，大家要至始至終，堅固對佛的信心，深信佛法不退轉。第二個就是皈依三寶，就是皈依佛，皈依

▲心道法師於內壇幽冥戒開示情形

34

佛法僧，佛代表圓滿的覺者，法就是覺悟的方法，僧就是引導我們學佛的老師，善知識。第三個就是懺悔，水陸法會的核心精神就是懺悔，在佛經典中提到，滅罪之要，唯有懺悔法門，也說到了深心懺悔廣大功德，有如真救病之良藥，乃破暗之明燈，一切眾生以此懺法，永得清淨。第四個是發菩提心，就是發四弘誓願，誓願眾生無邊的誓願度，就是要願度眾生，願斷煩惱，無量法門要誓願學，佛道無上要誓願成。要讓一切有緣的眾生，都能夠發菩提心，學習佛法，斷煩惱、成佛道。

求戒，是求大乘的三淨聚戒，這是一切戒法的根基，也就是說律儀戒就是捨斷一切惡，攝善法戒就是願修一切善，攝眾生戒，願度一切眾。最後說這個戒相，就是我們受戒的幽冥戒的戒相，《梵網經‧心地品》說大乘菩薩的十種戒相，除了我們五戒：不殺生、不偷盜、不邪淫、不妄語、不飲酒，另外就是不說四眾過、不自讚毀他、不慳惜加毀、瞋心不受悔、不毀三寶，總共是有十個戒。我們要奉行十戒，堅定的信心，常保持我們的戒體，受戒以後，我們就有戒體，就有戒神守護，所以我們能夠持戒，處處平安，走向究竟解脫的一個成佛之道。

一念善心，能破無盡幽暗，受幽冥戒的重點在心。心就是一個依止，依止什麼？依止行為、行善，我們要發菩

提心，行菩薩道，共成菩薩的佛果，才是我們在此受幽冥戒的一個真義。期待每一個大菩薩，都能真心懺悔，斷惡修善，從布施奉獻等善行做起，幫助他人，圓滿家庭，和諧社會，照亮人間，共同創建一個愛與慈悲的人間淨土。那麼也祝福我們以戒為師，道心不退，生生世世常行菩薩道。

「送聖」開示

時間：2011年8月26日
地點：水陸內壇

　　普謂冥陽兩利水陸大齋會，我們就要圓滿了，我們將以最誠摯的心，進行送聖的儀式。送聖就是要「一心念佛」，在清淨專注的念佛聲中，我們奉送十方法界、四聖六凡，齊返真境。通過法師們的觀想，恭送諸佛菩薩和靈界仙神，回到法界真境；並引領我們的歷代祖先、冤親債主，以及十方無盡眾生、亡靈孤魂，跟隨著諸佛菩薩，共同乘坐西方船，趨往極樂。

　　為什麼要強調「一心念佛」呢？因為一心就是通往真境的不二法門。真境，就是心不起妄，無瞋無癡實相世界；實相就是我們的本來真心。十法界不出一心。六道眾生之所以徘徊於無邊無際的生死輪迴，都是因為心識迷妄，不覺

所造成。因此,我們藉由水陸法會,真心懺悔、皈依持戒,了悟輪迴虛幻,回到我們本來光明的覺性。

這個本來光明的覺性,就是無所得、無所依、不隨客塵攀緣的心,《金剛經》上說:「應無所住而生其心」也就是說隨緣不住。當年的百丈懷海禪師有弟子問他:受戒以後身口清淨,證悟以後,是否就得到解脫?禪師回答他說凡事要「無住」、「無求」才是解脫。我們知道最有名的「野狐禪」公案裡,就是「不落因果」,大家一看這個「不落因果」,跟「落因果」這二個到底是什麼意思呢?這個「不落因果」跟「不昧因果」其實同是在自性光明、覺性光明裡面,但是在因緣上,這個「不落因果」的「落因果」就是在因緣上不能夠自在,「不昧因果」則是開啟了大悲周遍智識外圓融的境界。

那麼《楞嚴經》說:「歇即菩提,勝淨明心。」《維摩詰經》則說:「寂滅是菩提,滅諸相故。」歇即菩提,也就是寂滅。百丈禪師說:「先歇諸緣,休息萬事」、「以無著心,應一切物。」知一切法卻

明心不昧

不住一切法，寂然不動，不被諸法、諸境所惑才是大解脫。

八天七夜的水陸道場，好比是「水月道場，空花佛寺」。但真正的道場，其實就在我們的真心實性當中，不外求，不必外求，我們回到生活中，當下我們的心就是明，就是空，只要從心上用功，就能「處處皆是道場，事事增長菩提」。

最後，法會功德圓滿，除了感謝諸佛菩薩的加持，我們也感謝、感恩楊釗居士的發心護持，促成了這一場不思議的緣起，成就了這場兩岸水陸合作典範的善緣，希望這份善緣，能夠不斷的持續下去，開展出更大的智慧網絡。祝福大家一切順心如意，功德圓滿，也希望能為百丈禪寺的開光，以及未來弘法事業，普遍出清淨吉祥之盼，阿彌陀佛。

明心子味

接納而圓融－江西百丈水陸義工開示

時間：2011年8月18日
地點：懷海堂

我們知道禪宗是從釋迦佛拈花微笑始傳，佛到底在笑什麼呢？大迦葉笑了，佛也笑了，到底相應在哪裡？從迦葉到阿難、到達摩、僧璨、道信、五祖弘忍，一直到六祖，都是單傳的，到了惠能開始分枝散葉，所謂「一花開五葉，結果自然成」，把禪鋪散到法界去了。而後，南嶽懷讓祖師找到一個好徒弟，就是馬祖道一，「磨磚不能成鏡」，那麼終於是磨心，把心磨亮才能照遍十方，護心迎亮，這是真正的禪，以心印心。

百丈禪寺祖庭，也就是馬祖道一的弟子——百丈懷海禪師所開創，他是怎麼開悟的呢？馬祖捏了他的鼻子，被扭鼻子之後，算是初步悟到本地風光，但是還不夠深，所以一段時間後，馬祖逮到一個機會，對懷海大喝一聲，使他「三日耳聾」，這一喝，就把懷海逼到大悟狀態了。懷海頓悟後，大哭大笑，這個當中到底哭什麼、笑什麼？禪宗這麼神秘嗎？

▲懷海堂

　　其實每個人本性具足，我們的本來面目，每個人都有的，大家有沒有覺得自己擁有這個本來面目？大家看看本來面目是在內、在外，還是在中間？其實，不在內、不在外、不在中間！我們這些祖師，兢兢業業的禪修、用功，讓自己明心見性，明白心、見了性，三藏十二部裡全部都是講心，離開心沒有一法可得。

　　所以學佛就是要抓到佛的「覺」，這個覺是我們人人都能知能覺的，可是要真正的體悟能知能覺是什麼，就比較難有人能體悟，所以大家這次來到這裡，來到珍貴的祖庭，來到這裡做義工，大家知道，有多少的祖師大德在這裡開悟、在這裡明心見性、在這裡有了他們心地的三昧耶！明心見性的三昧耶就在這裡，我們如果靜下心來，在工作中就能去體認祖師大德在這裡不昧的那一刻，隨時隨地在我們工作當中，你可以去體會、相應祖師的這份三昧、見性的三昧，明心見性的三昧，我想，來寶山就能滿載而歸了。

明心不昧

事實上，生活中就是禪，禪宗「一日不作，一日不食」，就是養成了在工作中看心，在工作中去體會我們的覺性，去相應我們的心。這次江西百丈水陸，主要是楊釗居士發了大心，將百丈禪寺整個重建，恢復祖庭的雄風，讓祖庭能夠發揚光大、能夠承先啟後，再把我們禪宗的威德力傳達出去。

以前和尚是沒有廟的，自從百丈祖師興建叢林以後，立了規矩，然後我們才有廟，才知道找大家聚眾禪堂，就是以這種自耕自食，不靠托缽募款，靠自己工作，所以在那個時候，就不需仰賴富貴人家或王族的供養，而能自食其力，所以說有了這樣的緣起。我們很尊敬楊釗居士的這份發心，用心去把祖庭復原，真的是佛教的大韋陀、大菩薩！我們也希望百丈祖庭能夠更廣大，培育出很多的祖師，所以我想水陸就是把未來圓滿，來銜接過去，用水陸來歡喜圓滿，我們才能夠把傳承做好。

大家能夠來到這裡，真的是要珍惜這裡的每一個時刻，八天七夜大家不是在工作，而是跟自己的覺性在一起。誰在念佛？我們的本來面目，父母未生的本來面目是誰？我們從這裡去找到無生的心，無生無滅的心。本來面目在哪裡？我們現在這個是本來面目嗎？父母所生的這個是不是本來面目呢？大家有一個面目，我們一直把它認為這個人就是本來面目，那是不是呢？父母未生前，今生未生前，生生世世

的未生前，還是我們最初的那個本來面目？其實就是我們還沒有結構自己以前，沒有把業力造型之前，我們所擁有的那個本來面目！所以，我們在這裡生根、在這裡印心，在這裡延綿我們的法喜，希望大家無諍、不貪惑，在這裡只有真心。

感謝這裡的大和尚、常住，給我們這個機會來到這裡掛單、借住，讓我們能夠在這裡體會祖師大德的這份心地印。所以大家不要浪費時間，做事不爭執，不去爭吵，為了什麼？我們都是為了佛，為了這個水陸，當我們是為了佛的時候，我們跟誰爭？我們不用爭，我們就爭工作、爭做事，把這個事情做好，不要去人我爭，讓我們平心靜氣的在七天

當中喜悅、圓滿，讓我們能夠真心的把佛的事情、水陸七的事情做好，盡心盡力做好。

人跟人之間要謙卑、和諧，不能生起我慢、我執，一切叫做圓滿，一切的圓滿叫做圓融，一切的圓融都叫做接納，我們要接納才能夠圓融，不接納就沒辦法圓融。我們的覺性本來就是圓融的，但是我們生了我執的時候，就會產生不圓融，所以我們必須無諍無惱不貪惑，大家放下我執，一起盡心盡力的把工作做好，我們就是一家人，我們心體一同，沒有說你的體性跟我的體性不一樣的，因為我們找到同體，所以我們做大悲的事情，就是「同體大悲」！

明心不昧

「靜」念－百丈禪寺舊廟住戶開示

時間：2011年8月21日
地點：百丈禪寺舊廟

　　念佛最重要的是「靜」，學佛就是要不吵雜，一心念佛，心念就不吵雜了。念咒不吵雜、拜佛不吵雜，所以就會覺得日子非常的舒服。大善知識講法，聽法能夠洗滌我們心靈的想法，壞的想法就生禍害，好的、善的想法就生福報，我們跟世間種種的貪瞋癡學習，就會禍害很多，好好念佛，聽了都不做就沒用，念咒、念佛讓自己的心開朗。天氣好就高興快樂，天氣不好就煩惱、煩悶，我們的心情要時常開朗，時常開朗就不要去找煩惱，不生烏雲密佈，不要生氣，一生氣就像打雷暴雨一

樣，不生氣就會時時晴天，時時開朗、舒服，所以多念咒就開朗，多念佛就開朗。

　　我們最不懂的是自己，不懂自己所以才會東學西學，我們學佛就學自己，就懂了自己，懂了自己也就懂了別人，所以我們也就能夠心開意解。我們不懂自己，不懂別人，所以心很難開。明心、參禪，就是開導自己。誰在念佛？就是找自己，搞懂自己就搞懂自己的心，自己的心就是佛。

　　心為什麼是佛呢？心就是智慧，因為我們現在的心

就是被我們的貪瞋癡慢疑帶去玩了。我們的五毒就是我們自己釀的東西，煩惱也是自己造的，一旦跳脫不了，就會陷入輪迴了。貪就是什麼都拿來變我的，所以要布施，貪才會少，布施不是要布施很多錢，而是要常常習慣給予、常常習慣做事、幫忙當義工、做好事、為他人著想，這些都叫做布施，能夠捨一切的相也叫做布施。

瞋就是毀滅，就是傷害生命，所以我們要慈悲、憐憫，要幫助別人拔苦、除苦，要有慈悲心。你們有沒有瞋恨？五毒是與生俱來的，沒有人不具有，所以這個俱來的東西要轉換，才會有福氣，沒有轉換，這五毒就會把你搞慘了。戒瞋就是要有慈悲、憐憫，要學諸佛菩薩的慈悲心，學佛布施。

▲「我們的心情要時常開朗，時常開朗就不要去找煩惱，不生烏雲密佈，不要生氣，一生氣就像打雷暴雨一樣，不生氣就會時時晴天，時時開朗、舒服，所以多念咒就開朗，多念佛就開朗。」

46

▲百丈寺舊廟住戶老菩薩們歡喜的接受心道法師的禮物。

癡就是迷惑、不懂。所以經典是什麼？經典就是讓你除迷惑、讓你開智慧！佛為何要講經？就是要為大家除惑。你有沒有惑？大家都有對不對？惑，迷惑；癡，癡迷不悟，所以這個就要多聽經，《地藏經》、《法華經》、《華嚴經》，念經做什麼？念經要開悟，心一開悟，就有智慧，一切無礙了，聽經也就沒有障礙。

我們為什麼會有那麼多障礙？就是不聽經，所以常聽經就不生障礙。人家講經我們就要豎著耳朵聽，有機會買了車票去聽，買了飛機票去聽，經就是讓我們有通路，聽經就是通路，我們沒有通路，就不知道怎麼開悟、怎麼行的通。

貪是結惡緣，瞋也是結惡緣，癡更是結惡緣。貪瞋癡慢，慢是什麼？傲慢、輕慢、

侮慢，慢就是驕傲、不禮貌。你看不起別人，也是結惡緣，我們要結好緣，不能結惡緣，惡緣會怎麼樣？下輩子人家就看不起我們，我們到了人家那裡，人家就會看不起你，就把你踩在腳底下，所以我們遇到事情要心平氣和，結好緣，有卑下心。

疑是什麼？疑就是猜忌心，對誰也不信任，這樣很苦對不對？不信任的時候你時時刻刻都要提防，防賊、防小偷，什麼都防，防的很辛苦，比如說懷疑丈夫在外面有女人，猜來猜去，二個人本來好好的也不好了，猜忌就破壞善緣。所以，該你的就跑不掉，不該你的也不會來。

貪瞋癡慢疑，因果是自種自受的，你要多做好事，多做好事什麼都是你的，做壞事就不是你的，所以一切都是善業、善法，就能夠生起好緣。

明心子味

心即是佛－禪宗祖師故事開示

時間：2011年8月22日
地點：無相樓

　　寂靜修是聽寂靜，用耳朵去聽、用眼睛去看，所以用聽的功夫。馬祖道一以前跟著懷讓，也就是六祖的第二個弟子，第一個是青原行思，第二個徒弟叫懷讓。馬祖最初跟懷讓在一起，馬祖喜歡打坐，天天打坐，懷讓看馬祖這個年輕人，是可以栽培的一個年輕人，於是有一天懷讓就在馬祖對面磨磚，天天磨磚，這個年輕人就很好奇問：「你磨磚幹什麼？」懷讓回答他說：「磨磚做鏡子。」馬祖就跟懷讓說：「磨磚怎麼能夠變鏡子呢？」懷讓就說：「那你打坐是幹嘛？」馬祖說：「打坐要成佛」，懷讓就說：「磨磚沒有辦法成鏡，你打坐怎麼能成佛呢？」

　　你有一台牛車要走，牛不走你要打車還是打牛？一定要打牛，打坐是車，打牛是心，所以懷讓告訴馬祖，要成佛是心在成佛，不是身體，馬祖非常有悟力，所以他就變成懷讓最好的弟子。馬祖開悟後，對家鄉要回饋，馬祖是江西人，他說要回去度家鄉的人。

他回去以後族人通通一湧而上，聽說有一個大師要來，要去看看大師長的怎麼樣，一看之下，這就是我們家那個馬簸箕的兒子，從小鼻涕就這樣擦，光著屁股跑來跑去，這樣回來一看，那怎麼信他？於是就通通跑光了，只剩他的嫂嫂信他，她說：「我是相信的！請你教我一個方法開悟吧！」馬祖就吩咐她把一個雞蛋掛在廚房，每天聽這個蛋，有一天這個蛋說話的時候，就能成就開悟了。

古時候，在這些傳統的大家族，做媳婦一定要煮很多，很忙很累的，洗衣服做菜什麼都做，所以她在廚房就用稻草掛一個蛋，她每天做菜的時候，耳朵沒有離開那個蛋，聽

了十年以上，突然稻草壞了蛋掉下來了，有聲音啦！掉在地上，她就開悟啦！這是功夫，十年的功夫在聽，她相信她的小叔，她就一直聽，不是這樣換來換去，東換西換一直換，換到最後一樣也不成，她只有一樣東西，她小叔教她聽蛋，就聽吧！聽吧，反正沒事就聽吧，她坐也聽、走也聽、睡覺也聽，她怕一下子萬一蛋講話了聽不到就沒功了，所以十年下來，專注在聽的功夫，耳根圓通就成就了。

寂靜修一樣也是用聽的，聽寂靜，沒有聲音，可是蛋有沒有什麼聲音？所以聽無，無聲，聽下去跟念佛是誰的道裡差不多，怎麼聽就是心，心在聽不是耳朵在聽，耳朵是一個

明心見性

功能，心到了耳朵聽寂靜，所以聽久了，要用功。嫂嫂沒有中斷過，就是聽聽聽，像雞孵蛋，我們修行功夫如果不像雞孵蛋這樣是不會成熟的，怎麼也不會成功。

這個說起來又覺得自己不可能，事實上就是慢慢累積，累積到有一天你真的想走這條路，時間多了，二十四個小時在聽，就像虛雲老和尚坐在那邊，七天都不動，他在煮芋頭，天氣冷，一面煮一面打坐，他在等那個芋頭做飯吃，等啊等了十五天，他朋友一來看這個人，怎麼老是見不到？原來，他入定了。

虛雲老和尚一生就是為了利益眾生而做！他一生就是復興廟，這些廟都失修都壞了，他們祖庭都壞了，他去復興，所以這個人有德行，人家會信他，很多人會拿錢讓他建廟，他什麼都沒有！穿個破爛的衣服！他最喜歡的就是打坐！再來就喜歡建廟！再來就是喜歡跟人家說法！他一生就是這樣子，吃也不是吃那麼好，穿也不是那麼好，這是一個奉獻給眾生的生命！所以學佛就是要這樣子，把生命都願意奉獻給眾生，那你的生命就有永恆性的福報。虛雲老和尚值得我們去佩服，我一生佩服虛雲老和尚還有大迦葉，所以我跟隨著這二個人的腳步。

再來講到四祖道信有個弟子叫做法融，他每天都在山裡打坐，不跟人家講話，也不理

人家，每天都在那邊打坐，天天都有天人供養他，天人供養他吃的，他不愁吃，那麼他就坐的很好，所以，他就天天坐的很開心，可是他對道還是有問題。四祖道信聽聞後就問：「咦？山上是否有個奇怪特殊的人？」有人說，什麼特殊的人是沒有，倒是有個道人在那邊修，也不理人，也不怎麼樣。四祖道信就看，山上怎麼有紫雲！大概是有修行人在那裡，所以他就去那個山看。

法融見了道信不起身也不合掌，道信就想，「難道他是個道人嗎？」道信看見他端坐在那裡，就問他說：「你在這個地方做什麼？」法融說：「觀心。」道信就說：「觀是何人？心是何物？」結

果法融無言以對啊！就起來開始禮拜，頂禮！他就開始請問祖師從哪裡來？道信就回答說：「貧道不決所止或東或西」。法融又問：「認識道信禪師嗎？」道信說：「何以問他？」法融就說：「仰慕許久，希望拜偈」，道信說：「貧僧便是」。然後，法融就很高興領著道信到他的茅屋，是很僻靜的地方。法融說：「這地方有虎來！」道信就舉雙手，做很害怕的樣子。然後法融又說：「你還有這個在嗎？」道信問：「這個是什麼？」法融不語。過了一會兒，道信在法融打坐的石頭上畫一個佛字，法融看了不覺一驚！道信說：「還有這個在嗎？」法融便叩頭拜師。

明心子味

這個禪宗呢，就是有沒有一對就知道！他認為他對、他道行夠，天人來供養，但是他仰慕那個道信，所以他就覺得道信到底有什麼？他要對看看！於是二人法緣就具足了。交付是這樣子的，他跟他傳了法是這樣說，「百千法門，同歸方寸。河沙妙德，總在心源。一切戒門、定門、慧門，神通變化，悉自具足，不離汝心。」這個是講他「那個是什麼？」你還有這個那個，結果還是不知道那個是什麼？

所以經過分析、講解，然後他再喔！他喔了以後呢？再講那個「一切煩惱、業障本來空寂。一切因果皆如夢幻，無三界可出，無菩提可求，人與非人性相平等。大道虛曠，絕思絕慮，如是之法，汝今已得，更無闕少，與佛何殊？更無別法，汝但任心自在，莫作觀行，亦莫澄心，莫起貪瞋，莫懷愁慮，蕩蕩無礙，任意縱橫，不作諸善，不作諸惡，行住坐臥，觸目遇緣，總是佛之妙用。快樂無憂，故名為佛。」

還有，法融問他：「心既具足，何者是佛？何者是心？」道信回答說：「非心不問佛，問佛不非心。」法融又問說：「既不許作觀行，於境起時，心如何對治？」道信回答：「境緣無好醜，好醜起於心，心若不強名，妄情既不起，真心任遍知，汝但隨心自在，無復對治，即名常住法身，無有變異。」

看看這些開示，老師沒給你講這些，你是看不懂的，如果沒有道信給他寫這一段他是不懂的，你做不出什麼名堂，這一段就是非常精闢。所以這個東西要背起來，禪宗的人就是要背起來，背起來以後你們就會用，會體悟！禪宗祖師的偈，這些好東西要把他背起來，然後你在法中就會發酵、發光，就會體認！師父講話你就會一聽見真章，一說就見真章。

當水陸志工即供養佛
－江西百丈水陸外壇志工開示

時間：2011年8月22日
地點：待賢閣

　　我們來江西水陸是供養佛，對不對？為什麼我們要做義工供養佛呢？我們從各地來到這裡做義工，為什麼呢？因為「佛法難聞今已聞，此生不向今生度，更向何時度此生」。佛法是要有福氣要有善緣才能夠接觸的，平常福氣不夠，是接觸不到佛法的，而且我們接觸了佛法，就是接觸佛的教法，離開六道輪迴的痛苦。

　　今生來到這裡做了人，但是我們不知道從那裡來的，只知道是父母生的。其實我們有很多的生命，從你出生前到出生，是一個過程，那麼出生以後呢？你的生活如何？能不能讀書？能不能過好的生活？這些都有不同的呈現。每一個人都是人生出來的，可是生命就不一樣了！每一個人命運都不一樣！有的是總書記生的，有的是部長生的，有的是省長，有的命運不一樣，有的是大富貴的，有的是種田的，有的是撿垃圾的，所以我們的命運為什麼會不一樣呢？這是環境不一樣，所以機遇就不一樣。

還有我們的命，為什麼會有命？這個命就是我們的運！命是由運積來的，運是時時刻刻累積起來的，才會成為一個生命。生命是運累積起來變成一個命！我們出生以後，這個命就變成運，機運就在循環，你會到不同的場合，好好壞壞的人你都會去接觸，這個就是運！你為什麼會有這些運可以走，運為什麼可以走？就是因為我們過去的記憶，重新出現，安排了我們去銜接生命的記憶。

你看我們每一個人都是一個記憶種子，一切的花朵都是種子所生，任何一切都要靠種子，種子是什麼？就是記憶體。種子種在土裡面，它會重生，人的命就是靠這個記憶體成就未來的生命。細胞就是記憶體，如果拿你的細胞去做複製人的時候，它會變成一個人出來，但這個複製跟你一模一樣的人，思想卻不一樣！因為每一個細胞有每一個細胞的記憶體，每一個細胞有每一個細胞的生活圈，所以我們每個人就是一個記憶體，各人有各人的獨立生命。

比如說你生了一個小孩、二個小孩，每一個小孩都是不一樣的，個性不一樣，想法不一樣，習慣不一樣，喜歡的也不一樣。所以在這個時候就有品種不一樣，他們到我們身體裡面，他們的種子不一樣，人只要是種子就是有前面，有過去生，所以才會有現在的種子，現在的果實。我們現在

所做的一切，就是未來的記憶體，就是未來的生命，人就是這樣循環，所以有輪迴。

既然有輪迴，我們就知道怎麼去改造讓命運好一點！不要老是被我們的想法、記憶體牽絆。這個記憶體就是循著過去的記憶來走，所以我們怎麼去改變這個記憶體，就是要有智慧的、善的、好的，自己要創造自己好的命運、未來，現在創造好，未來就會好，所以我們學佛就是把想法正確、行為正確，那什麼都好了！想法不正確，行為就不正確，就會破壞很多的緣。

我們一生會遇到很多的緣，如果你用慈悲接引，這些緣就都變成你的能量，在生命裡變成你的養份，如果你不是用慈悲心，這些緣就會變成破壞性，你人生的成功率就少了，我們的生命要能夠成功，就是要結善緣。

佛法告訴我們，不要傷害任何一個生命，尊重生命，不殺生、不偷盜。不殺生就是尊重生命，每一個生命都是我們未來的出路，我們往生後，不知道到那家去，去拜訪他們、去做他們的子女，所以不管是一條蟲或一隻螞蟻，我們都要尊重！只要不殺生，我們對生命的尊重就有了，我們愛心就有了。

不偷盜，我們布施都來不及了，還要去搶！布施就是得到更多的福報，偷盜你的福報

就會被劫了，這就叫做因果報應。因果報應就是種瓜得瓜、種豆得豆！由這個原理推動到我們所做的一切也是如此。

不殺生、不偷盜，也要不邪語。邪語是什麼意思？邪語就是把這個家庭關係搞壞了，社會關係搞壞了。不邪語，那麼你的家庭會很好，你的社會關係也會很好。邪語會造成混亂，到最後就會產生對立關係，貪、瞋、癡、慢、疑就會出來了，就會開始產生很多的惡業、惡緣，到最後就破壞了善緣。

第四個是不妄語，不妄語是什麼意思？我們人都希望被尊重、被信任，如果要被人家信任、尊重，我們就要講真話，所以我們講話要被人家尊重與信任，是不能夠講謊話的。不妄語就是不說假話，不挑撥離間，這個都是製造惡緣，惡緣就不是善緣。

第五個就是不飲酒，酒會產生什麼問題？本來膽子很小，喝了酒膽子就大了，開車本來是滿小心的，喝了酒之後，車子就亂開了！然後出事了，你死了，別人也死了！所以喝了酒很多問題，人家說色膽包天，喝了酒膽子就大了，就亂來了，做什麼壞事都不知道！做了才來後悔，來不及了！

所以我們學佛學怎麼結好緣，就要守五戒。不殺生、不偷盜、不邪語、不惡口、不飲

明心不昧

酒，因為我們做好這些，我們的福氣就大了，不做這些那有福氣呀！我們都希望未來回收的東西，都能如意吉祥，所以就要守五戒，要利他，「諸惡莫作，眾善奉行」，這個就是我們常常要做的基本教育，要常常自淨其利。

我們的心，你控制不住它，就會想很多不好的東西，好好壞壞的都會想，那你怎麼去調服它？我們就要持〈大悲咒〉，要持阿彌陀佛，要看經，然後把它淨化，如果你不去這樣調服，只要脾氣一來，那就很多問題了，所以我們要有「戒、定、慧」。

「戒」就是五戒，「定」就是常常禪修唸佛持咒，

「慧」就是要常常看佛經。常看佛經死腦筋就會轉化成活腦筋，死腦筋轉化不過來的時候，你的死腦筋只能通一個不能通二個，你的苦惱就會多。活腦筋是什麼意思呢？你的念念都是空，怎麼想都是空。所以「無所住而生其心」。《金剛經》的「無所住而生其心」，這個心才是福慧，才是活的心，才是靈活的心！如果我們沒有辦法用佛法改變腦筋，那麼我們就會有所住而生其心，我們就會起煩惱，得失心就有了，好壞心就有了。

其實，我們接近佛法，就是培養善根，培養我們生生世世的善根，找到一個生命方向的目標，也就是說，我們找到生命的方向，去實踐好的

生命，就會得到好的收成！所以人來到這個世間的意義是什麼？要做什麼？就是要找到生命究竟的意義。

生命究竟的意義，就是找回我們生命的真諦，所以要參禪，念佛是誰？就是你們在唸，還有我在唸，可是我是誰？所以我們要找到那個我是誰？誰誰誰？誰是什麼呢？就是生命的根源，我們要找到我們生命的根源，才不會來到這個世間冤枉的走。

找到生命要如何？就是「生命奉獻生命，生命服務生命！」我們的生命就是要奉獻，你要服務別人，別人才會服務你，沒有一個人天生就是要給你用的，所以我們要先做

了，他才會回饋！我做了，他回饋；他做了，我回饋，互相把生命奉獻給生命，生命就會很美好。今天我們來到這裡學佛法，就是學智慧、學慈悲、學解脫、學自在、學做好事、學做好人。

明心子味

皈依明白－對老菩薩開示

時間：2011年8月22日
地點：百丈禪寺舊廟

　　皈依佛是什麼意思？皈依佛是對佛像都要尊重，一張紙的佛像，或一個小小的小佛，都要很尊敬。對佛像要尊重，因為佛是我們的老師，我們要尊敬。皈依法，法就是經書，經書不要放在地下，不要亂放，要放在高處，要尊敬法，所以我們要皈依清淨、洗滌我們的心的法。皈依僧，僧就是釋迦牟尼佛的出家弟子，因為他們受了清淨戒律，有戒定慧的薰陶，出家人就是有專業技術。所以我們對僧就是要恭敬，因為他是我們的老師，引

導我們學法，而法就是經，引導我們成佛。

　　學佛的道路，第一步我們要皈依三寶。我們皈依佛，就是皈依釋迦佛。皈依法，法就是祂所講的道理，三藏十二部，經、律、論。皈依僧，僧就是佛的弟子，出家弟子。僧就是像導覽一樣，導覽我們去學佛到覺悟。出家人他們沒有婚姻，沒有拖累，所以他會把佛的法寶管好，延續法脈，如果沒有出家人，法脈就不能延續。所以我們的小孩如果出

家了，要高興，因為他們做了很有意義的事情。佛法僧就是我們生生世世的幸福，我們跟著三寶，生生世世都會離苦得樂，有福氣、智慧。

三寶就是人生的路，指南針，所以我們要尊敬佛法僧三寶，佛是什麼？就是釋迦佛，佛代表了什麼？佛就是「覺」，覺悟，對世間種種都瞭解、明白。我們就是要學瞭解、明白，一切世間種種都能夠明白了，叫做覺者，佛就是覺者，他明白了這些東西，就不會被迷惑，不會被迷惑，我們就不會被牽著鼻子到處跑。

所以學佛就是覺醒，覺醒就不迷惑了。一個得道的高僧，就是要不迷惑才行，他

就是一盞燈，點燈讓我們看路。佛就是燈，我們在海裡面的船，要找那個燈，才不會觸礁。人生像是個苦海，我們開著這條生命的船，如果有了佛的燈，我們就不會觸礁，就會很有生命的「energy」，「energy」是什麼？能量，所以我們有了佛，就有了光明，有了路，有了學習的方向，人生就曉得怎麼走。

人生如果為了財、權、名、利，就會鬥爭了，你打我，我打你，打的頭破血流，有什麼好處？死了什麼都沒有了！棺材也帶不走，什麼也帶不走，像脫殼的蛇，蛇不見了，只剩蛇皮。所以佛是什麼？覺。覺是什麼意思？覺就

明心子昧

是明白了，不迷惑。所以我們
要明白好的，不要明白不好
的，這個明白就是不迷惑了，
我們不會被騙了，就叫覺者。

　　法是什麼？法就是讓我
們內心沒有障礙，讓我們有智
慧，所以法就是智慧的意思。
法也就是經藏，佛所宣說的三
藏十二部，經、律、論。經就
是佛講的法，律就是講規矩，
佛講經就是講道理，講經、講
路，講學佛的道路。法就是
路，沒有路就走不通，所以成
佛的路、覺悟之路、明白之
路，都要靠經。

　　律，我們學了佛，要學
佛的規矩，規矩不好心就會
很粗，想法也就會雜亂，想法

雜亂了，學佛就無法覺了，所
以心要清淨，學佛才會學的起
來。我們學佛要守規矩，守戒
律，要守那幾個戒律？我們要
跟「殺、盜、淫、妄、酒」這
五個說拜拜。殺、盜、淫、
妄、酒就叫做五戒，菩薩戒要
不要受？五戒受完就要受菩薩
戒。國家有法律，佛也有規
則，所以我們學佛就要守五
戒。論是什麼？佛的弟子辯論
佛的道理，然後把它辯論清楚
以後，留下來論佛的典藏。

　　再來是僧寶。僧是什麼？
僧是我們的老師，引導我們學
法、成佛，就是走佛法的路，
因為出家人穿了僧服，叫專
業，他對佛法是專業的，我們
要請教他的專業，所以出家人

要做好專業,教眾生才不會教錯。

學佛要做什麼?為什麼要學佛?因為人生太苦了,要離開苦,離苦得樂,所以要學佛。孩子不孝順,苦!死亡也是苦,冤親債主碰到,天天要吵架,吵架睡不著覺,苦!怨親會苦,不喜歡的人要跟你住在一起,喜歡的人不住了,天天就是打架,心裡面打架。所以我們學佛就不打架,學佛就是什麼都好,有緣沒緣都好,有緣我就對他好,沒緣也對他好,他不對我好沒關係,我對他好就好,這是我的業,我造給你的。我做給你都是好的,你做給我的都是壞沒關係,我給你的都是好的,這個就叫佛

▲心道法師於百丈寺舊廟為信眾皈依

法。所以佛法就是教我們不對任何的眾生做壞,只有人家對我們壞的時候,我們更要好。

我們今天就講這個,皈依佛就是皈依明白,不要迷惑;皈依法就是學成佛之道;皈依僧就是讓我們學習僧眾,學習善知識,這就是僧,就是善知識,善知識就是教導我們成佛的路,有這些善知識,我們就要供養他,讓僧把佛的法發揚光大。

明心子味

自淨其意－水陸圓滿後對志工開示

時間：2011年8月26日
地點：大雄寶殿

學佛就是要勤快、勤勞，人生是苦，五蘊熾盛苦，五蘊──色、受、想、行、識，這代表我們，像陀螺一樣想，想想想就煩了。事實上，我們都有我們的因果，每一個人都有過去生的因果，所以有一定的走法，但是不管怎麼走，我們都要依止佛法、依止三寶，佛法是最能夠讓我們走到豐富，走到圓滿，走到更寬廣的生命前途。

我們這一生是短暫的，剎那而已，我們的生命在這裡，這個生命只是一個螢火蟲的亮光而已，一下就熄了。所以我們學佛，是延伸那個亮光到未來，用今生小小的一個生命的力量，去做很深遠的佛法的護持，然後我們做自己的好因好果。

在生活中，我們就是跟這些好好壞壞的緣要和好，學佛主要就是相信因果，因果就是我們的命運。我們為什麼有現在？就是過去造來的，沒有原因，我們就出不來了，有原因才出的來，所以我們是有一

▲大雄寶殿內的三寶佛

個原因才來這個世間。原因如果是好的，接觸了佛法，那就是都是好的，能修行就什麼都好。

什麼叫修行？就是「相信因果勤行善，為利眾生具佛法」，讓每一個跟我接觸的人，都能夠學佛，學佛法就是離苦得樂，想法、做法都是離苦得樂。我們學了，不曉得有多少的效果，可能只是一個緣，累積一些善的緣，災難的時候，我們都可以逃的過。

現在大家都在討論2012年會有一些災難，但是不一定會那麼的嚴重，不過我們總要準備，準備什麼呢？災難是什麼人會跟它相應？災難是跟惡業造的多的人相應，善業造的多，就不會。還有學佛，學佛行善，惡業跟惡相應才會有，我們現在知道有災難，就是要消災解厄。

這一次大家來做水陸義工，就是消災解厄，就是懺悔。我們自己有自己的業，行善做好了，不管我們做大做小，我們就是水陸裡面的一個螺絲釘，少了一個，機器就會壞了，所以大家都是非常重要的一個助緣，因為水陸並不是一個人可以完成的。如果楊釗居士沒有這個福德，如果百丈

明心子味

禪寺這個道場沒福德,就不可能圓滿完成。我們今天到處都做到圓滿,這是第一次,現在圓滿的百丈禪寺道場,我們來做了洗禮跟開光。

洗禮,就是把不清淨的清淨,我們在這裡做了水陸,這裡的眾生就會轉念,轉成善的念,有的就可以往生,有的就可以得到善趣,有的就可以生歡喜心,不同的眾生,接受不同的因緣果報,所以這都是我們所做的,我們都迴向,大家都可以成佛,做這個工作都要迴向成佛。

學佛最重要的就是要明心見性,但是要有方法,還要有時間。方法有很多種,但是

禪宗就是叫做「念」,我們念佛、念佛、念很多佛,然後看誰在念佛?用念佛去參話頭,參我們的本心,參每個人的心,心參開了的時候,我們就斷煩惱了,就能夠了生死,參不開,最少我們不去做壞事,總是在佛法裡累積善業。

我們的覺性,是沒有相的,靈靈光光、清清楚楚,它的基本觀念就是要離相。沒有離相,你就找不到自己的本來面目,一切相不可得,一切相都是短暫,只要有相,一切的相都是虛妄的,只是時間長短。我們的本來面目不是現象,所以它不會壞滅,它是永恆的,所以不能從現象去找。除了現象以外,睡覺的時候,

還是會跑出很多現象，就是那個記憶體。

我們在夢裡發生的，都是記憶體，白天用記憶體，晚上也用記憶體，所以要離開意識、離開分別。你分別的時候，就是意識，從意識裡面找不到自己，要離意識看自己，所以從無相中去找自己的覺性。《金剛經》、《心經》就是講怎麼去觀般若，般若就是叫你破相，「一切有為法，如夢幻泡影，如露亦如電」，你要從這裡去看，就告訴你這些相都沒有了，所以你要從《金剛經》這樣看。如果你一直反覆的看，一切有為法如夢幻泡影的時候，叫做深觀，就是般若，你這樣反覆反覆的做，你

的心就會離相，你的心離相的時候，你慢慢才會回到無相的自己，所以我們是從幻裡去找真，從空裡去呈現我們的本來面目。

大家這一次看起來很累，可是大家的內心是感到喜悅的，因為這個就是我們求之不得的功德。還有我剛才講的，我們總是會有一些災難，這些災難，不管是真的假的，我們要累積善根。累積什麼善根？大家要念〈大悲咒〉，一天一百零八遍，早晚念，因為〈大悲咒〉是救苦救難，消災解厄。

每個眾生都會念，只要你們念的時候，要真心誠意

的念，念十萬遍以後，我們臨終的時候就可以到極樂世界。我們現在工作多、事情多，很會找事情做，所以修行的時間很少，所以你們要念〈大悲咒〉，念到夠，災難也會遠離，我們也可以到極樂世界，這是最好的修法。有空我們就打打坐，找「我是誰？」過去父母還沒有生我們以前，我們還沒有這個業力身體以前，我是誰？我們的面目是誰？我們的本來面目是誰？要這樣去看，去追求。

我們只要回到我們自己，回到我們的心，業力就不見了。沒有回到我們的心，業力就像馬拉松，我們就跟著跑，一直跑無止盡跟業力走。所以我們學佛，就是找回自己，一切的經典都是講找回自己，找回自己就是找回自己本來的心性，找的回來，你就會安住，找不回來就是漂流了。所以〈大悲咒〉要念，念了以後，善根會足，會有很多的善緣，會去學佛，有很多的善知識幫助你學佛，也會有很多人跟你一起學佛。

觀音菩薩願力很好，對眾生非常慈悲，在《千手千眼觀世音菩薩廣大圓滿無礙大悲心陀羅尼經》中講得很清楚，你只要好好修〈大悲咒〉，就能成阿羅漢，一果、二果、三果都可以成功，阿羅漢都沒問題，這一生一定成功。再來就是可以成菩薩，我們修了多少劫才能夠成菩薩？我們修任何法沒那麼快，念〈大悲咒〉

▲心道法師於大雄寶殿開示情形

可以成就四果阿羅漢，也可以成就十地菩薩，只要不斷持誦〈大悲咒〉，就能夠修到阿羅漢跟十地菩薩。

學佛是救命的，就是救我們的靈性，不然我們的靈識都會互相勾結，好好壞壞都勾結，勾到最後就會輪迴。輪迴就有好好壞壞，這個生生死死，苦到不曉得怎麼解決，

學了佛以後才知道怎麼解決這個苦。苦就是要滅苦因，我們造了苦的因，所以累積了苦的果，我們要斷苦因，就是「諸惡莫作，眾善奉行」，就會斷苦因。「自淨其意」，就能夠起心動念，能夠觀照我們的本心。所以學佛要把握，在我們能夠把握的時間，去做修行的事情。

第三篇

真禪實學～心道法師禪宗公案現代詮釋

明心了味

緣起

禪宗最精采的，莫過於留下公案讓後人百思回味。百年之後，回到百丈禪寺的心道法師，則以「野狐禪」公案開展了精采的「百丈談禪」。

心道法師應楊釗居士之邀，前往江西奉新縣百丈禪寺啟建水陸法會，百丈寺分為老廟跟新廟，新廟坐北向南氣勢雄偉，老廟坐東北朝西南。師父十分喜歡老廟，無論是地理或佛像都很喜歡。在祖師殿更發現兩個蜂窩，一個是在殿內功德箱投善款之口，而更有一個大蜂巢在殿外香爐耳下，心道法師認為這是未來此處子弟興旺之兆。

心道師父帶著弟子漫步於後山，並要弟子們在刻有「天下清規」的大石前留影，當弟子們討論著別擋著石頭上的字，師父則念道：「清規又不是用寫的！」再走到當初百丈禪師度化野狐的野狐巖洞，師父問隨行的弟子道：「什麼是野狐禪？」看看沒人應機，師父便開示：「沒有正念修行就是野狐！正念在那裡？正念就是認得了自己的本地風光！」

以下選出這次師父在百丈禪寺一路上，所開示的禪宗公案其中的五則，與大眾分享。

▲ 心道法師與弟子們於「天下清規」的大石前合影，更巧妙的以禪機示眾
「一起在石前合影，別站在清規外」。

明心不昧

磨磚成鏡

引言

禪宗講求頓悟成佛，所謂「當處寂滅，當處道場」，而不拘於外在修持的形式。禪宗祖師大多有其頓悟故事，也就是引領他們開悟的緣起。與百丈禪寺最有起頭淵源的算是馬祖道一禪師。道一禪師（688-763），是唐代四川人，俗姓馬，故又稱為馬祖。據說他的容貌奇偉，兩眼似老虎般炯炯有神，步行如老牛般沉穩持重，舌長過鼻尖，腳下有兩個輪印。幼年即出家為僧，後來在南嶽衡山的般若寺學習坐禪，巧遇當時在般若寺傳授禪法的懷讓禪師，為其開悟解惑，終成一代禪師。其中「磨磚成鏡」說的就是馬祖道一禪師頓悟聞道的故事。

磨磚成鏡

當年，馬祖在唐開元（713-741）年間於衡山般若寺學習禪定，那時在般若寺弘傳禪宗的懷讓大師他看見道一整天只是坐禪，便問他：「大德坐禪為了什麼目的？」馬祖回答說：「想要成佛。」懷讓大師聽完後，隨手拿起一塊磚頭就在寺前的大石頭上不停地推磨，馬祖覺得很奇怪，問懷讓大師：「磨磚頭是為了什麼？」懷讓大師說：「磨磚成鏡啊！」馬祖不解地問：「磨磚如何能成鏡呢？」懷讓大師反過來問他：「磨磚既不能成鏡，那麼坐禪又豈能成佛？」馬祖感到好奇地追問：「那麼應該如何做呢？」懷讓大師告

訴他：「好比是牛拉車，車子若不前進，是要鞭策牛，還是車子呢？」馬祖一時默然無語。懷讓大師接著說：「你學坐禪是為了想要成佛嗎？若是要學坐禪，禪並非只有坐臥的形式；若想成佛，佛沒有固定的形象。重要的是要以無住心面對一切法，不做任何取捨。你若是坐禪為了想成佛，那麼佛就不存在，一味地執著於端坐的形象，是無法通達佛法的道理。」

馬祖聽了懷讓大師的教示後，如醍醐灌頂般的豁然開悟。向懷讓大師正式參禮後，問道：「如何用心才能達到無相三昧的境地？」懷讓大師回答：「你學持心法，就好比是播下一顆種子，我說的佛法，則如同天降甘露一般，當因緣和合之時，就能萌芽見得。」馬祖又問：「佛理沒有色相，如何見得？」懷讓大師說：「持念一心即能見得，無相三昧也是如此。」馬祖再問：「佛理是否有成壞？」懷讓大師告訴他：「若以成壞聚散看待佛理，那麼就不是真正的親炙佛理。」之後跟馬祖說了個偈子：「心地含諸種，遇澤悉皆萌。三昧華無相，何壞復何成！」馬祖聽聞後開悟，超然於心。於是便留在衡山十年，日益參透佛理玄妙之處，終成一代祖師。

明心不昧

心道法師藉由馬祖頓悟的故事，告訴我們：「成佛是心在成佛，不是身體。磨磚固然不能成鏡，坐禪也無法成佛，只有把心磨亮才能照遍十方，所以真正的禪是以心印心」，這就是懷讓大師告誡馬祖不要一味地執著於坐禪的道理。

那麼我們平常時候應該如何修持心念呢？最重要的就是「平常心」。馬祖說：「若欲直會其道，平常心是道。何謂平常心？無造作、無是非、無取捨、無斷常、無凡無聖。」心道法師說平常心就是要我們不要執著：執著於生死，執著於超凡入聖。

師父說：「執著就是因緣，因緣是生滅無常、變化不定，當你執著於這些無常因緣時，就自然產生一種妄念，妄念就是思想的流動」，一旦「迷情妄起，造種種業」，那麼當然就不是「平常心」了。

所以「平常心」就是「心不起妄」，凡是無住、不求，也就是「空」。馬祖說：「種種成立，皆由一心也。建立亦得，掃蕩亦得。」又說「若心取法即涉外」，「取法」就是執著於因緣成壞之法，所以，只要我們「不取諸法」，就能「明心見性」，找回自己的本來面目，這也是馬祖「即心即佛」思想的真諦。

明心不昧

聽蛋說話

引言

　　馬祖禪師說「即心即佛」、「非心非佛」，以至於「平常心是道」，這些都是馬祖非常重要的禪門語要，他在開悟得道之後回鄉傳法，卻遇老婆子對他說：「有何奇特？元是馬簸箕家小子！」禪師禁不住嘆道：「勸君莫還鄉，還鄉道不成，溪邊老婆子，喚我舊時名。」不過，馬祖的嫂嫂倒是對他深具信心，並請求馬祖傳她禪法，於是馬祖傳她「聽蛋」法門，而她也因此而開悟得道。而這個聽雞蛋說話的公案，又是如何被心道法師詮釋與運用在禪門教育上呢？

馬祖嫂嫂聽雞蛋

　　話說南嶽懷讓大師把法傳給馬祖之後，馬祖很自然地回到家鄉傳法，希望能度化故鄉的親友。當馬祖回到家鄉，鄉民聽說有高僧大德要來，大家都很好奇地跑來看，一看之下，這位「高僧」大家都認識，原來就是賣竹篩的馬簸箕的兒子，於是，大家便覺得不稀奇，就通通回去，幾乎沒有人相信這位賣竹篩的兒子是真的有開悟得道，所以，講到馬祖，禪門有謂「還鄉道不香」的話語，意思是指故鄉人較難起信或親人長輩較難由自己度化。

馬祖有感於「還鄉道不香」，於是乎想要離開了，這個時候，他的嫂嫂拼命跪下來求他：「求你教我一個法。」馬祖說：「家鄉沒有人相信我，我不要傳。」她跪求了半天，他說：「好吧，我就教你一個法。」

由於古時候都是大家庭，嫁過門的媳婦一定是很辛苦，整天忙著做飯、做菜、帶孩子等等，很少能夠有機會到處跑的，更不要說什麼修行了。於是，馬祖傳給他嫂嫂一個非常特別的法門，他說：「用稻草綁一顆蛋，在煮飯、做菜的時候，用心來聽，天天這樣

子聽，聽到那顆蛋有一天跟妳講話的時候，你就得道了。」這樣子下來，十年過去了，馬祖的嫂嫂也就老老實實地聽了十年，一心一意地聽了十年。十年當中，他嫂嫂怕錯失雞蛋說話的時機，於是她就天天一邊做事一邊聽，走路也在聽，帶孩子也在聽，總言之，就是把握住任何「聽」的時機。十年時光過去，綁蛋的稻草也被腐蝕得差不多，十年後的某一天，稻草繩斷了，雞蛋掉下來，碰一聲，雞蛋終於跟她講話了。

心道師父開示說：「這是『打破虛空笑滿腮』的開悟

境界。其實，功夫就在『聽那個』無聲之聲，在『聽那個』沒有聲音的聲音，這就是一種明心見性的修行法門：『寂靜修』。

所以『寂靜修』的重點在聽，聽寂靜，可是雞蛋是沒有聲音地，『聽』無聲。無聲怎麼聽？就是耳根不起分別地聽，只有聽的作用，心中卻沒有任何的分別意識，這當中的竅門無他，就是把耳根放鬆，若真的進入到『寂靜』的範圍，就是心在聽，不是耳朵在聽了，耳朵只是一個機能，心到了，耳朵聽寂靜，用功聽久

了，就像馬祖的嫂嫂，她沒有中斷過，就是一直聽、聽、聽，聽雞蛋，就像雞孵蛋，讓蛋暖、暖、暖，直到蛋殼破開，修行就是如此，一直用功，直到因緣成熟，破殼而出，獨露真常。」

可是，為什麼「聽蛋」能夠開悟？歷來禪門公案之中，不少是從「聽」而開悟的，例如近代有虛雲老和尚聽杯子墮地而開悟的公案，老和尚有兩首開悟偈，第一首這麼說：「杯子撲落地，響聲明瀝瀝。虛空粉碎也，狂心當下息。」另一偈子說：「燙著手，打碎

杯，春到花香處處秀，家破人亡語難開。山河大地是如來。」無論是打碎杯子的當下即悟入「春到花香處處秀」等境界，或是因為杯子落地的「響聲明瀝瀝」而「狂心當下息」，可以看到，從杯子落地碎開而當下開悟，這「當中」的連接點可說是修行的關竅，以往的禪師對此鮮有說明，當然，箇中理由主要是深怕修行者因此而著相。

師父從上述「聽蛋說話」這則公案，明白只是「聽」本身就是要訣之所在，此即耳根圓通的「寂靜修」法門，由此

而切入，像母雞孵蛋一樣，一直耐心地孵，也就是一直耐心地「聽」，直到雞蛋墮地而破，領略這「聽蛋說話」的奧妙，最終必是破殼而露真常，入於開悟之境。師父以「寂靜修」作為從修到悟的中間連接點，是十分殊勝而符合禪門教法，因這「寂靜」之「聽」本身是無相可著，也沒有任何不良副作用會發生，當時機成熟，這「聽」即引領行者進入開悟的境界。

心道師父以「寂靜修」法門來為這則「聽蛋」故事作解碼，點出這則公案裡的核心

觀念與修行方法。若進一步分析這當中的內涵,其中包含了佛法一般講到的信、解、行、證,只是其彰顯方式有別於單純的教門義理解讀,依一般教門的解讀,是依於信、解、行、證這一序列來修學佛法。但這裡的「聽蛋」法門,一開始是嫂嫂對馬祖的修行深具信心,這是她開始修行的關鍵點,由此起信而入,比較特別的是,一旦由信起修,剩下的就是一直聽、聽、聽,直到「雞蛋說話」,萬緣頓時齊了,而解、行、證皆包含其中,於雞蛋墜地而破之時,一切法義、功夫、修證都於此呈現,唯開悟者深了箇中三昧,這可說是師父「寂靜修」法門的殊勝之處。

百丈野鴨子

引言

本公案說明百丈懷海禪師在馬祖門下契悟的過程。這則公案提供了我們一個很好的入手處，亦即：為什麼野鴨子飛過去之後，能夠當做是使人開悟的契機呢？我們在日常生活中，每天都有各式各樣的人物從我們身邊經過，為什麼我們卻沒能有個悟處呢？這是個什麼道理？可以以此公案來明白。

百丈野鴨子

百丈懷海做了馬祖二十年的侍者，但卻一直都沒有開悟。有一天，馬祖與百丈懷海走在路上，途中剛好有一群野鴨子飛過，師徒兩人都看到之後，

馬祖便問：「是什麼？」
百丈回答道：「野鴨子。」
馬祖接著又問：「去了什麼地方？」
百丈答：「飛過去了。」

這時，馬祖突然伸出手去，緊緊地扭捏住百丈的鼻子不放，於是百丈就痛的哇哇大

叫，馬祖道：「明明還在，何曾飛去？」百丈聽到這話，頓時有所省悟。

過了一天，馬祖集合僧眾於法堂，所有人剛剛集合到齊，馬祖正要陞座之時，百丈就忽然起身，將拜席捲一捲走了。馬祖看到後，也就從座上下來，回到方丈室，見到百丈就站在室中。

馬祖便問百丈：「剛才我正要上座，還沒來的及為大眾講法，你為何馬上就將席子捲起走人？」

百丈答：「昨天被和尚扭捏的鼻子，到今天還在痛！」

馬祖又問：「你昨天的心在什麼地方呢？」

百丈回答：「今天我的鼻子不痛了！」

馬祖滿意的說：「嗯，你已深知今天的事了！」

受到馬祖的肯定，百丈就對著馬祖禮拜，之後便走回到他自己的寮房去。一回到侍者的寮房，百丈卻大哭了起來，一旁同樣擔任侍者的同事，好奇的問百丈：「你為什麼哭呢？」百丈說：「你去問和尚吧！」好奇的侍者就馬上跑去請問馬祖。馬祖回答：「你現在回寮房去看看，還是去問他吧！」好奇的侍者又跑回去寮房看，正在納悶怎麼回事時，

明心不昧

卻看見百丈正在哈哈大笑。這下子更加的迷惑，究竟是怎麼回事啊？於是便開口問百丈：「怎麼剛才見到你在哭，現在卻見到你在笑，這到底是怎麼回事，真是把我給搞糊塗了？」百丈回答他道：「對呀！我剛才是在哭，但現在卻是在笑！」好奇的侍者被百丈搞的哭笑不得，不知所云。

師父說：「這個公案中，到底是笑什麼呢？哭什麼呢？大家以為禪宗是這麼的神秘嗎？其實，這說明百丈明瞭了這個人人本具的，我們的本來面目了。這是沒有一個人沒有的，大家有沒有覺得自己是擁有這個本有的本來面目呢？大家看看本來面目是在內呢？還是在外呢？還是在中間呢？

真正的本來面目不在內、不在外、不在中間，那麼我們這些祖師，兢兢業業的在禪修、在用功，讓自己明心見性，明白心、見了性，就會了解三藏十二部，全部都是講心，要是離開心，是沒有一法可得的。所以學佛就是要抓到一個佛的『覺』，這個『覺』是我們人人都能知能覺的，可是要真正的體悟這個能知能覺是什麼，那就是比較稀有難得的人才能體悟了。」

從師父的開示中使我們了解到，百丈哭的是眾生不明白自己的本來面目，笑的是真明白後沒有多餘的葛藤，這是我們人人本具，各個不缺的。既然如此，那麼要向何處來見自本心，明自本性呢？有無一個

處所可得呢？其實當然是沒有處所可言的，不在內、外、中間。若真明白才會知道，一切的經論最終的歸處皆是直指本心，離開了心則無道可說、無法可得，而心即覺，亦即「一念靈明覺知」，這才是我們真正修行用功的下手處。

進一步來說，禪宗其實一點也不神祕，反而是最平常的狀態，只是我們常在這種最平常的狀況中，迷失了自己，放縱了自己的心，沒能「覺知」，也就談不上有所體悟了。佛陀一生說法的目的，其實也就是指出一條直達我們本心的道路，一切的經論皆然。所以我們要時時刻刻把握住每一個當下，用這個公案當作例子，時常把心回歸到我們的本來面目上，運用在日常生活之中，經常地反觀自照、覺知自心，那麼，每個人物經過的時機，都會是你開悟的契機！

編按：關於現在我們所熟知的「本來面目」的公案，實際上是出自於元朝宗寶所編的《六祖壇經》：「惠能云：『不思善，不思惡，正與麼時，那箇是明上座本來面目？』」而此段文，卻不見於更早的唐朝法海所輯的本子，但卻是目前所流通最廣泛的說法。

明心不昧

野狐禪

引言

野狐禪的故事主體大致出自於《無門關》與《從容錄》的記載,問題的癥結在於我們對於「因果業力輪迴」的觀念上,是否能有正確的見解。於一切因緣環境中,如何地讓我們的正知、正見、正念在一切時、一切處、一切地都能夠顯現出來。

歷來不少高僧大德都在談野狐禪這個公案,著力點也大都在不昧和不落因果的討論,的確,因果問題是本公案的中心意義。不過,修行者本身何以會具有此領悟因果道理卻往往被忽視,心道法師於此開示裡面點出了心燈不滅這一關鍵,所以師父才說:「沒有正念修行就是野狐!那麼正念在那裡?正念就是認得了自己的本地風光!」

野狐禪

從前百丈懷海禪師在法堂說法時,經常有一位作居士打扮的老人去聽百丈說法。有一天,當百丈禪師講完法,所有人都散去了之後,唯獨這個老居士還留下來。

這時,老居士湊過去百丈禪師身邊,百丈禪師便問老人是誰,老人說他現在並不是人類,但是在過去世迦葉佛時

▲心道法師與信眾於野狐巖前合影

代，也是這座山裡的修行人，還做過方丈。老人接著說，以前他在百丈山作住持的時候，曾經有個雲水僧問他：「有大修行的人，也會落入因果之中嗎？」他回答說：「不落因果。」這是因為他那時一直以來的修行觀念就是不落因果，

結果就因為這句話回答錯誤，而使得老人死後墮入野狐之身，輪迴生死了五百世。

　這位野狐化身的老人就請百丈為他說法，解開他心中的疑惑，老人問百丈：「有大修行的人，也會落入因果之

明心不昧

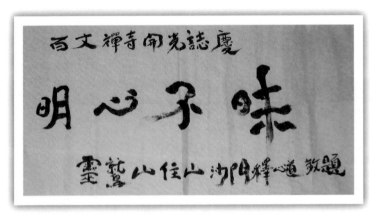

▲心道法師為百丈寺開光寫慶賀墨寶「明心不昧」

中嗎？這錯在哪裡？」百丈回答：「只差一個字，是不昧因果，不是不落因果。」老人聽了這句話之後，心中的疑惑當下就解開了，於是就解脫了。

師父說：「這是什麼原因呢？他說不落因果，其實是他已經落了因果，所以變成了一隻狐狸。變成狐狸以後，他不曉得怎麼轉這個狐狸身，後來因為他做了五百世實在是不耐煩了，所以就問百丈禪師說：『大修行者落不落因果？』

百丈禪師回答說是『不昧因果』。不昧的意思是什麼？不昧就是我在因果裡面，那個心燈不會熄滅，不昧也就是不會黑暗、不會迷惑、不會無明。

野狐當下開悟後，就脫離了野狐身，而且請求百丈禪師，說他就在山後，希望百丈禪師能以僧人的禮節來處理他的遺體。後來百丈禪師領僧眾到山後，將他的遺體用禪杖請了出來，依照僧人圓寂火化的禮儀，將他的遺體荼毗了。」

從師父的解答中我們得知，當我們還在討論落不落因果之時，其實已經被語言、文字的概念所限制住了，「落、不落」是動態的觀念延伸，這還是葛藤，搞錯了方向，並不是對心性的直觀。而「昧、不昧」則是直就迷悟的當下，藉由明眼人直接指出明月的位置所在，讓我們立馬清楚真實不再迷惘。如同瞎子摸象的比喻中，明眼人所見之象一般，故師父說：「心燈不滅！因此野狐才能當下開悟，解脫狐身，從此成佛作祖去了。」

我們自性的本地風光是從來都不曾晦暗，常在六根門頭大放光明，但眾生卻因為被無明所顯現的虛妄影像給迷惑了，因此喪失了寂照的省察，隨處攀緣流轉於生死輪迴之中，實在是非常的可惜！所以，我們必須經常地「反聞聞自性」、「迴光返照」，把我們本自具足的「一念靈明覺知」給找回來，將自心安住在其中，自然就能夠度脫一切苦厄，不再迷失了。

明心不昧

念佛是誰

引言

正如虛雲老和尚所說，當今大部分人都只是把「念佛是誰」掛在嘴上，「不斷地念來念去，成了念話頭，而不是參話頭」，那麼如何才能照顧好話頭，而讓參禪者返觀自性呢？心道師父慈悲開解「念佛是誰」此一話頭的深意，點出自身直指真心自性的體悟，使得每個人都有機會領略自己本有的禪心佛性。

念佛是誰

禪宗發展到宋代，由於臨濟宗大慧宗杲禪師的大力倡導，「看話禪」逐漸流行起來，所謂「看話禪」，就是透過禪門公案裡「話頭」的參究，對「話頭」生起疑情，以超越日常分別意識對語言文字內容的執取，直達「話頭」還沒有生起處的根源，藉此而與參禪者的自性相應，最終達到見性開悟之境。另方面，由於念佛法門也愈發普及，於是，有學者把「一心念佛」分為「事」和「理」兩門，「事一心」即一般的稱名念佛，而「理一心」則從參究「阿彌陀佛」這四字而入於無生妙理。這「理一心」的念佛，後來即發展出以參究「念佛是誰」的話頭公案，但大部份的參禪公案都沒有闡釋「念佛是誰」

的要領，這當中的竅門與內涵究竟是什麼，需要過來人的指引。

收錄參禪要語菁華的《禪關策進》提到：「念佛一聲，或三五七聲，默默返問：『這一聲佛，從何處起？又問這念佛的是誰？』有疑只管疑去，若問處不親，疑情不切，再舉箇『畢竟這念佛的是誰？』於前一問，少問少疑，只向『念佛是誰？』諦審諦問。」（註1）

《禪關策進》講到的主要是參「念佛是誰」的基本原則，簡單的說，就是「諦審諦問」地參究，其餘的不要想太多。但對於參究的內涵是什麼，則並沒有任何說明，下面我們看心道法師怎麼說：

參禪就是開導自己，「誰在念佛？」怎麼參？首先，要了解我們禪的重點是什麼？就像打坐時必須了解其中要領，例如，打坐時挺腰不挺胸，兩個肩膀放鬆，頭輕輕的放在脖子上，然後調整自己的呼吸，也可以就此參「誰在呼吸」，第一步要看看你自己有沒有在呼吸、是不是在呼吸呢？而這呼吸的人又是誰？誰在呼吸？一直探討，參這個「誰在呼吸」。《金剛經》裡面說：「若以色見我，以音聲求我，是人行邪道，不能見如來。」

明心不昧

就是不要從色見如來，也不要從聲見如來。因此，不要從色相裡面去看「誰在呼吸」，因為身相是妄相，是虛妄所成的，要懂得以這一精神要領來參究話頭。

參「念佛是誰」是同一個原理，從參話頭裡找自己，搞懂自己也即是了透自己的心，自己的心就是佛。我們學佛就學自己，搞懂自心，才能了透別人，我們就能夠心開意解。若不懂自己，也就無法了透別人，心便很難開悟。佛法就是明心，參禪就是開導自己。所以，「誰在念佛」，就是找自己，搞懂自己，搞懂自己的心，自己的心就是佛。禪，就是以心為主，參悟這個心，瞭解到這個心是什麼，就可以開悟，明心見性、開悟成佛，這是我們禪宗的修法，找尋「心」在哪裡、「心」是什麼，無論參什麼公案話頭，都從這裡一直追問這個……，一直不斷的去參悟、探討，從這個地方參悟到佛法最根本的證悟。

從這段師父開示「誰在念佛」中可以看到，師父點出參禪的要領在開導自己，至於怎麼個來開導，首先是了解「當機」的重要性，例如坐禪時可以參「誰在呼吸」，在參之過程裡面，借助《金剛經》超越「色相」與「音聲」之理，了悟這個「誰」的身相是虛妄的，由此而參入。

有關參「誰在念佛」，《禪關策進》雖然指出了參的原則，蓮池大師也進而點出「看念佛是誰，以悟為則而已」的基本綱領和方向，但現代人根器魯鈍，恐怕難以只依這一原則綱領而悟入。師父則當機地點出《金剛經》超越「聲色」求如來的精神，了此「身相」的虛妄而參究悟入。另方面，藉著「誰在念佛」這一話頭，從「心」找到自己，所謂「從參話頭裡找自己，搞懂自己也即是了透自己的心，自己的心就是佛」，這是即心即佛的正統宗門家風，達摩祖師西來所傳的就是這個「心」。後來禪門發展出眾多的接引學人方法，其目的無非也是要了悟這顆「心」，

但後代有些參禪者反而被這些方法所膠著。師父則重新點出「心」的重要性，用「心」入此話，早晚必能明自本心、見自本性，這是師父接引學人更加直接了當的教法。

註釋
註1.大正藏48，頁1102 b。

第四篇
禪宗祖庭巡禮

明心子味

禪的緣起與發展

梵文 Dhyāna ，中文音譯是禪那，所以簡稱為禪，鳩摩羅什意譯為思維修，玄奘意譯為靜慮；梵文 Samādhi，音譯是三昧，意譯為定。禪定淵源於古印度婆羅門教的瑜伽。在佛教裡，禪定通常不加區別。習慣上有時單稱禪，或單稱為定；禪有思維的特點，定有靜心的特徵；修習的目標是訓練出一種不受客觀環境和自身意識左右的精神境界。

公元前三十世紀到前二十世紀之間，居住在印度河流域的達羅毗荼人已經開始修習瑜伽。這種修行法後來被吠陀教、婆羅門教所吸收，而佛陀在成道之前，也曾學習過禪定。

佛教對禪定的思想和方法都作了專門的闡釋和發展，把禪定視為獲取無上智慧的方法。將佛教教義融入禪定之中，就是所謂的「佛教禪」。隨著佛教思想的發展，佛教禪漸漸有了「小乘禪」和「大乘禪」兩種禪法。「小乘禪」即小乘佛教的禪法，有比較固定的內容和修持方式；「大乘禪」即大乘佛教的禪法，它是在小乘禪的基礎上發展起來的，因此自然而然繼承了小乘禪的許多內容與方法，但卻不再拘泥於固定的形式，將禪修作為觀悟佛理的重要方法。

東漢桓帝建和元年(147)安息國的安世高輾轉來到洛

陽，並開始直譯佛教經典，至東漢靈帝建寧年間（168-171）共譯出三十多部佛典，當中亦包含《大安般守意經》、《陰持入經》、《禪行法想經》、《道地經》等小乘禪經。

東漢桓帝末年（167）月氏國支婁迦讖抵達洛陽，陸續翻譯《道行般若經》等佛經十四部，主要為大乘般若學。此後，三國康僧會、西晉竺法護，東晉竺曇無蘭、覺賢，後秦鳩摩羅什，乃至後涼的沮渠京聲、劉宋曇摩密多、求那跋陀羅，陳代真諦等陸續翻譯了不少禪經。

真正開創全新禪學派別的則為菩提達摩（?-536），達摩傳說是南天竺國香至王第三子，種姓剎帝利，跟隨般若多羅修習佛法達四十年，於南朝梁武帝普通年間（520-526）抵達中國南海，曾於嵩山少林寺面壁九年。達摩以四卷本《楞伽經》傳授弟子，主張「理入」和「行入」並重，並結合《楞伽經》「心性論」和般若思想為禪學，為中國開創新禪法。傳至惠能時，達摩所傳的禪法正式形成禪宗。惠能弟子神會認定達摩至惠能六代是一脈相承的，因此達摩被稱為東土禪宗初祖。

明心了昧

東土禪宗傳承

二祖慧可

達摩的弟子慧可，將禪學與玄理結合，認為「是心是佛，是心是法，法佛無二，僧寶亦然。」主張「萬法皆如，身佛不二。」

三祖僧璨

僧璨撰有《信心銘》，強調清淨心即真如法界，所以不必去追求，自然而然便能具備。更進一步將禪學與老莊「無為」的人生哲理相結合。

四祖道信

道信的禪法以「一行三昧」、「五色禪」為特色。提出「念佛安心」與「不念佛、不看心」兩種禪修方法，倡導隨心自在的修行生活。

別建一宗

道信禪師曾經到訪金陵牛頭山，將禪法傳授給法融，並囑咐法融另立一個支派。法融於是創建牛頭宗。牛頭宗的禪法特質為融合老莊、玄學、般若三論於一爐，反對執著的修習，認為道是無可求的。

五祖弘忍

弘忍於馮墓山（俗稱東山）闢建道場，來訪的門徒眾多因而形成「東山法門」。弘忍提出「守本真心」，認為只要守住本來清淨的真心，便自然與佛無二。

五祖弘忍示滅後，弟子「分頭並弘」，主要分為兩派：弟子神秀以長安、洛陽兩京為中心，稱為北宗；惠能在

南方傳法，稱為南宗。神秀主張「攝心」、「息心」，摒棄生滅、有無的觀念，講求循序漸進；惠能則主張「無念」，直接發現真如佛性，反對執著於名相及固定的見解。

北宗與南宗各自發展出自己的體系，當中名家輩出，北宗有嵩山普寂、京兆義福；南宗如永嘉玄覺、南陽慧忠、司空本淨、荷澤神會、南嶽懷讓、青原行思等都是代表。

五家七宗

晚唐五代是禪宗發展的興盛時期，南嶽懷讓一系分出了溈仰宗、臨濟宗兩家；青原行思一系分出曹洞宗、雲門宗、法眼宗三家。而臨濟宗在宋朝時又發展出黃龍派和楊岐派。

併同前述的五宗便是著名的「五家七宗」。

溈仰宗

禪風「方圓默契」，講求自心的頓悟。主張「自心是佛」，認為人只要明心見性，便可成佛。

臨濟宗

以三玄三要、四科揀、四賓主等接化徒眾，臨濟宗多用「喝」來使人當下頓悟，楊岐五祖法演便曾經形容臨濟喝為「五逆聞雷」，一喝之下如五逆罪人為雷所劈。臨濟宗至北宋又分出黃龍、楊岐二宗。

曹洞宗

特色是將君臣理論引入至禪學之中，把出家為僧與行孝

▲百丈禪寺舊廟祖師殿

報恩相結合。講求圓融，《人天眼目》評其宗風為：「家風細密，言行相應，隨機利物，就語接人。」

雲門宗

以「雲門三句」、「一字禪」為特色，「雲門三句」為「函蓋乾坤、截斷眾流、隨波逐流」；「一字禪」則是以一字回答問題，也因此形成了「孤危聳峻，人難湊泊」的宗風。

法眼宗

法眼宗的特色在於引華嚴思想融入禪宗，強調禪教融合。文益便曾以「華嚴六相」來論述證明「同義具濟，理事不差」的道理。

黃龍宗

黃龍宗融合了儒、道、佛為一體。此外為了抑制宋代盛行的文字禪，以「黃龍三關」啟發弟子，期盼弟子「觸機即悟」，企圖恢復明快的禪風。

楊岐宗

楊岐宗思想傳承臨濟、雲門兩家宗風，與同門慧南禪師的黃龍派同時並立。

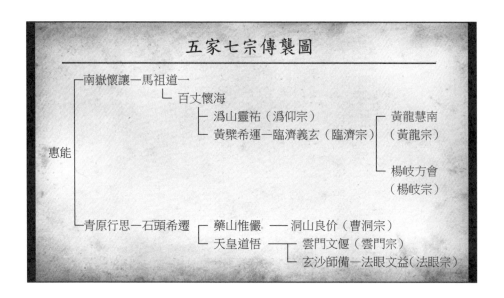

五家七宗傳襲圖

南嶽懷讓—馬祖道一
　　　　└ 百丈懷海
　　　　　├ 潙山靈祐（潙仰宗）
　　　　　└ 黃檗希運—臨濟義玄（臨濟宗）
　　　　　　　　　　　　　　　黃龍慧南
　　　　　　　　　　　　　　　（黃龍宗）
惠能
　　　　　　　　　　　　　　　楊岐方會
　　　　　　　　　　　　　　　（楊岐宗）

青原行思—石頭希遷 ├ 藥山惟儼 — 洞山良价（曹洞宗）
　　　　　　　　　└ 天皇道悟 ┬ 雲門文偃（雲門宗）
　　　　　　　　　　　　　　 └ 玄沙師備—法眼文益（法眼宗）

懷海禪師立清規

　　江西佛教的歷史悠久，高僧輩出，禪宗五家七宗之中，有三宗二家起源於江西。而禪宗祖庭又幾乎都集中於江西，如仰山棲隱禪寺、靖安寶峯禪寺、奉新百丈禪寺、宜豐洞山普利禪寺、黃檗禪寺等，因而有「求官去長安，求佛到江西」的說法，江西可以說是「禪宗聖地」。

　　禪宗成立初期，絕大多數僧眾多寄住在律寺，後來經弘忍、惠能、道一的發展，禪宗僧侶逐漸從律寺脫離出來，叢林不斷擴大，但是始終沒能發展出一套叢林的規章制度。直至懷海禪師加以改革，他折衷大、小乘戒律，以方便禪僧修

習，創議「別立禪居」，並詳加制訂了「清規」的細則，其所訂定的《百丈清規》，使禪宗自一般寺院分離出來，建立出一套禪宗獨有的禪修方式，在禪宗的發展上，有著不可抹滅的貢獻。

《百丈清規》的貢獻在於使禪宗的體制更加中國化，對禪宗本身的發展有著重大推動作用。「別立禪居」則是讓參禪僧侶直接從一般寺院中獨立出來，成為一個自主的團體。不設佛殿，只設法堂，代表了僧眾在佛法面前是平等的。此外，「普請法」的施行使禪宗更能適應中國的文化，因為中國自古以來便是以農立國，集體耕作使得僧眾能夠自給自足，也間接促使禪宗在中國的蓬勃發展。

─ 百丈清規 ─

1.組織方面：

（1）不設佛殿，只設法堂。

（2）禮聘德高望重的僧人為長老。

（3）設立十個寮舍，負責管理僧眾
　　　的生活庶務。

（4）推舉出「維那」，負責監督
　　　和維持禪律。

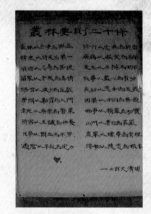

▲現存於百丈禪寺舊廟的《百丈清規》

2.生活方面：

（1）除長老單獨居住在方丈室外，其餘僧眾都住在僧堂。

（2）僧堂內僅設置長連床，以及擺放物品的木架。

（3）飲食以粥為主，集體用餐。

（4）行普請法：集體開荒耕作，「一日不作，一日不食。」

3.參禪方面：

（1）僧眾早晚都要聚在一起向長老學習禪法。長老坐在堂上，
　　　徒眾整齊地站在兩旁，側耳聆聽。

（2）師徒間透過反覆的問答探討事理，探究禪門義理。

明心不昧

史載百丈

百丈山位處江西奉新，山勢奇絕，歷來典籍多有著墨，如北宋《太平寰宇記》：「大雄山，山有吳猛修道處。此山雄傑蒽秀，不與羣山鄰，因名之。」在清道光《奉新縣志》中也有一段記載：「百丈山在縣治西一百二十里，高百丈周迴四十里。馮水倒出，飛下千尺。其西北勢出羣山，故又名大雄山。南則平原夷坦，四山環拱。……山有草花如蓮，名山蓮。」可知百丈山因泉水自山崖飛瀉而下，落差千尺，因而有「百丈」的名號。而其山勢雄峻，故又名「大雄山」。二十四孝之一的吳猛即曾在此處修道，在在都證明百丈山不同凡俗。

▲百丈山景

根據歷史記載，唐大曆年間（766-778），甘貞在百丈山建庵，取名「鄉導庵」。中唐時期，馬祖道一於江西鍾陵開元寺（今南昌佑民寺）弘揚禪法，懷海前往參學，成為馬祖的侍者，並得到印可。馬祖圓寂後，門人將其舍利葬於建昌石門山（今江西靖安縣寶峯禪寺）。懷海在石門修建茅草屋，為師父守靈，懷海後來到新吳縣進城鄉（奉新縣羅布）小雄山建立「普化院」。懷

海在遊歷百丈山時巧遇甘貞。唐德宗興元元年（784）甘貞禮請懷海到大雄山做住持，並將「鄉導庵」更名為「百丈寺」。

▲心道法師尋訪甘貞居士墓

唐元和九年（814）懷海歸寂，諡大智禪師，葬於大寶勝輪塔院。其弟子法正繼承懷海法席，唐元和十四年（819），法正禪師示寂，名書法家柳公權書「法正禪師碑」於百丈山大智院。大中三年（847）唐宣宗登基，修建百丈寺，並賜題「大智壽聖禪寺」的匾額，因此百丈寺又有「大寺」之稱。

百丈寺代有高僧，包括唐代黃檗希運、溈山靈祐、惟政，五代有明照安（韓國人），宋代有道恒、道震、智映、淨悟、以棲，元代有大昕、德輝，明代有明雪，清代有雲堂、清德、石蘭等。

百丈寺從唐代設立一千多年以來，歷經多次翻修整建，南唐時，百丈寺曾遷址到原本寺院的西北方，但不久便荒廢了。北宋元豐年間（1078-1085）百丈寺首度重建。明代天順年間（1457-1464），當時的百丈寺住持正觀禪師，對大寶勝輪塔院進行大規模的修復，並增建西廳、東閣、丈

明心不昧

▲百丈禪寺舊廟天王殿與萬佛塔

室、門樓,新塑內外佛像。清康熙年間(1662-1721),南昌知府葉舟重建百丈寺。雍正十二年(1734),百丈寺再度奉旨敕修。百丈寺在咸豐年間(1851-1861),因太平天國之亂,佛像、僧房遭到毀壞、經卷也付之一炬,直到同治六、七年(1868-1869),僧人清德、石蘭題緣才又修葺佛殿,裝修佛像。不料,百丈寺在文革期間,殿內的如來佛、地藏菩薩塑像,以及「百丈清規」木匾被毀,只留下佛像座基;大寶勝輪塔院亦被毀。遺址僅存巨石板,以及一塊隸書木質匾額,上書「唐大智禪師塔院」,左下署「劉思敬題」四字。

1995年12月,百丈寺開始進行修復工程,陸續修建了大雄寶殿、玉佛殿、三聖殿及伽藍殿等建築。2004年,本煥長老和中華佛教文化院會長楊釗籌資對百丈禪寺進行大規模修復。新建了包括牌坊、山門、放生池、普濟橋、天王殿、韋陀殿、大雄寶殿、祖師殿、伽藍殿、觀音殿、地藏殿、接引殿、玉佛殿、方丈院、禪堂、法堂、客堂、齋堂、大寮、上客堂、雲水堂、功德堂、報恩堂、懷海堂、念佛堂、般若堂、鐘樓、鼓樓、虛懷樓、

雲海樓、藏經樓、居士樓、貴賓樓等建築。2011年8月31日（農曆八月初三日），正式舉行百丈禪寺開光慶典。

▲心道法師於百丈懷海禪師舍利塔前頂禮。

誰來百丈

位處山勢奇偉雄峻的百丈寺，自古以來即吸引不少帝王、名流前往，留下足跡與文字，根據史料記載，唐宣宗

在登基前，為了避免武宗的猜忌，曾四處探訪名家，詢問脫身的方法。一日，他偶遇一位僧侶，談到此事，僧人云：「退至百丈。」僧人的意思是只要離開京城百丈，便能躲過殺身之禍。但唐宣宗卻錯解其意，以為要來到奉新百丈寺才能免禍，因此不遠千里，來到了江西百丈禪寺。明嘉靖《江西通志・南昌府》中也曾記載：「唐宣宗邂跡方外時，嘗至此題詩，有『日月每從肩上過，山河長向掌中看』之句。」

在清道光《奉新縣志》中也指出，唐宣宗在避居百丈禪寺時，在瀑布泉遇到黃檗禪師，禪師看著瀑布發起了詩興，吟出「千岩萬壑不辭勞，遠看方知出處高。」唐宣宗聽

明心子味

到了，便接起了下兩句：「溪澗豈能留得住，終歸大海作波濤。」

　　由於唐代是佛教的鼎盛時期，也是禪學的黃金時代，文人、士大夫習禪、參禪的風氣更是十分盛行。有的與禪僧郊遊，有的參禪打坐，有的入寺隱修，這股禪風不僅影響了他們的人生觀，其作品也受禪學影響甚大。而百丈山自古便是一個修道處，百丈清規更是發源至此，因此歷代的文人雅士，如唐柳公權、宋黃庭堅、袁陟、明張儁、毛彬、清王維藩、劉甲華等人自然慕名而往，並留下動人的詩篇。

明心子味

百丈勝跡

百丈山上著名景點勝跡不少，包括野狐巖、龍蟠石、木人塚、黃犬墳、百丈猿聲、犀牛潭瀑布、冬瓜窩、皇娘墓等，每個景點都有動人的故事與傳說。

野狐巖

相傳懷海每次講經時，常有一老者在眾僧中聽講。一天，懷海講經完畢，老者遲遲不肯離去。懷海問他原由，老者回答：「我是野狐的化身。前生在百丈山說法，有學人問我：『修行的人，還落因果嗎？』我答曰：『不落因果。』因此變成野狐。至今仍然不明白原因，還請大師指點!」懷海回答：「應答『不

▲野狐巖

昧因果』。」老者突然領悟，向懷海行禮答謝說：「我終於可以解脫野狐之身！明晨請大師到後山替我收屍！」第二天果真見野狐死在岩下，便以僧禮將它火葬。此後，野狐死處被人稱為「野狐巖」。羅隱有詩云：

滴滴寒光濺路塵，相傳妖物此潛身。
又應改換毛皮後，何處人間作好人？

「天下清規」石刻

　　唐柳公權曾在百丈山西側的石壁上，刻下「百丈清規」四個大字。明代陳芹曾探訪百丈山，並寫了一篇〈游百丈山記〉。根據〈游百丈山記〉中記載，石壁上的大字為「天下清規」。或許因為年代久遠，「百丈清規」不知為何遭到毀壞，所以後來才重新刻上「天下清規」四個大字。「天下清規」石刻如今依然清晰可見，在石壁右上角有「碧雲」兩字。

▲現存天下清規石刻，右上有「碧雲」兩字。

▲心道法師立於龍蟠石上。

龍蟠石

　　「龍蟠石」位在百丈寺後山，相傳懷海禪師常在石上坐禪，因為禪門將有真正道行的修行者稱為「龍象之才」，因此此石便命名為「龍蟠石」。據說唐宣宗在百丈寺時，也曾在石上參禪打坐。

明心子味

「真源」石刻

相傳唐宣宗在百丈寺時，曾經到後山鑿石引泉，尋找水源，在此發現源頭，便親書「真源」二字於石上。

▲「真源」石刻

冬瓜窩與皇娘墓

在1991年所編的《奉新縣志》中也出現有冬瓜窩、皇娘墓的傳說，說到冬瓜窩的由來，有這麼一段傳說：唐宣宗為了避免武宗對他的猜忌，來

到了百丈寺，但長老卻不在，小和尚替他準備了一盆熱水洗腳。誰知唐宣宗卻燙得跳了起來，直呼「此非落腳之地！」便離開了寺院。長老回來聽說了這件事，連忙切了半截冬瓜，叫小和尚去追客人。小和尚不明就裡，跑了二十多里路，終於追上唐宣宗，說：「這是師父給你的冬瓜。」唐宣宗領會長老的意思，把冬瓜往山窩裡一丟，跟著小和尚回到百丈寺「度殘冬」。此後，村人就把這個山窩命名為「冬瓜窩」。

皇娘墓，相傳百丈村裡有一位姑娘美若天仙，每天都要經過百丈寺替父親送飯。有一天唐宣宗看見了這個姑娘，驚為天人，便藉機向姑娘乞求施

捨飯菜。此後姑娘都會多準備一份飯菜給宣宗。宣宗被姑娘的善心所感動，但因自己避居佛門，便不敢向姑娘表達愛慕之意。宣宗即位後，依舊心繫著姑娘。便派一隊人馬迎娶姑娘進宮。村人看到大隊人馬，以為是來捉拿姑娘的。姑娘誤信謠言便在家裡懸梁自盡。唐宣宗聽到消息十分自責，便照皇娘的殯儀，將姑娘葬在百丈寺左側的山坡上。村人便把姑娘的墓地稱為「皇娘墓」。

明心不昧

參考書目

· 太平寰宇記 文淵閣四庫全書本

· 江西通志 明嘉靖四年刊本

· 江西通志 清康熙二十二年刊本

· 奉新縣志 清道光四年刊本

· 奉新縣志 清同治十年刊本

· 卍續藏經 臺北市 中國佛教會影印卍藏經委員會 1967年

· 奉新之最 宋名成編 宜春市 中國人民政治協商會議江西省奉新縣委員會文史資料研究委員會 1990年12月

· 佛教禪宗百問 潘桂明著；王志遠編 高雄縣 佛光出版社 1991年4月

· 奉新縣志 奉新縣地方志編纂委員會 海口市 南海出版公司 1991年10月

· 百丈懷海創清規：懷海大師傳 華鳳蘭著 高雄縣 佛光出版社 1996年

· 禪的體驗　禪的開示 聖嚴法師著 臺北市 法鼓文化事業股份有限公司 1997年

· 禪宗宗派源流 吳立民主編 北京 中國社會科學出版社 1998年8月

· 中國佛教百科叢書—宗派卷 潘桂明著 臺北縣 佛光文化事業有限公司 1999年6月

· 佛光教科書—宗派概論 佛光星雲編著 臺北縣 佛光文化事業有限公司 1999年10月

· 獨坐百丈山：懷海大師 度魯編繪 臺北縣 佛光文化事業有限公司 2000年8月

· 禪之旅（二）—江西歸來話禪宗 古道著 臺北市 老古文化事業股份有限公司 2007年6月

· 教別外傳　一花五葉：禪宗法脈（上、下） 水月齋主人編著 臺北縣 永佑達文化事業有限公司 2008年3月

· 獨坐大雄峰：百丈懷海 張圓笙著；劉建志繪 臺北市 法鼓文化事業股份有限公司 2010年4月

第五篇
雲霧下的省思

明心不昧

百丈水陸啟建因緣

釋淨念 / 法會統籌

緣起殊勝

恭慕禪宗祖師百丈懷海大師以其畢生之願行，因時因地而制定百丈清規並建立影響後代千年之叢林道場，使正法常住不滅之功。作為出家僧眾之吾等，恭逢百丈禪寺修建重光啟建兩百年來首次的水陸大齋勝會道場，實乃吾等百劫難逢之福報。

百丈禪寺乃禪宗泰斗 上本下煥老和尚以其百歲之齡，歷時七年將百丈祖庭修建重光之願，遂有香港護法大居士 楊釗大德受 上本下煥大和尚悲懷感召，捐獻鉅金人民幣五千餘萬，並親臨百丈，堪輿選址。完成牌樓、山門殿、東西廂房、鐘樓、鼓樓、般若堂、居士樓、方丈室、觀音殿、地藏殿、藥師殿、三聖殿、祖師殿、護法殿、懷海堂等等皆為其捐資，並樂助當地居民搬遷，無償安家，興辦希望小學，設立教育基金，財施法施，處心敬治，碩德無量也。今寶剎厥功告成，寺貌維新，其善行乃真菩薩之再來也。

開光前夕，為吉人修繕期間擾動土地龍神，興設水陸

大齋勝會道場，安處徒眾，楊大居士特禮聘靈鷲山開山和尚上心下道大和尚住持蒞會，並請靈鷲山佛教教團眾法師志工統籌法會相關事宜。值此，受楊大居士之請，慚僧淨念為此次法會之總統籌，又顧念吾等比丘尼具德微薄，則共同邀聘各道場具德之比丘法師們共商大議。

是故聚集籌辦之四眾弟子，共有來自於江西省佛協會、江西百丈禪寺、江西寶峯禪寺、江西大金山寺、深圳弘法寺、河北石家莊柏林禪寺、河南終南山寺、臺灣靈鷲山、香港西方寺、香港旭日集團全寅及廣東惠州慈輝基金會等四百餘眾，由楊大居士親自主持，歷時半年時間籌畫組織，

授命法會總統籌的有江西百丈禪寺當家頓雄法師、河北柏林禪寺道智法師、臺灣靈鷲山淨念法師、旭日集團行政總監梁樹森居士、旭日集團蔡學賢居士等五位共同統籌法會事宜。

十方四眾和諧共榮

法會籌備的組織是來自於大陸及港澳臺的法師及義工所組成的，雖然來自不同地方但每一層次的人員，都是對水陸法會有舉辦的經驗深度與能力，但是，香港楊大居士為什麼千里迢迢特請靈鷲山 心道法師及其教團的團隊前往籌辦呢，而我們又為什麼會動員了全山的核心力量全力以赴呢，我想，這是一次難得且殊勝的組合，我親自從零到有、從上

明心不昧

到下參與過程中，深深感受到大家不論大小，都非常用心又認真的付出與投入，把每一個環節細節都想到且規劃到，細膩的做到到位且追求完美。而旭日團隊要將來自於大江南北的人員齊聚會議，真的不是一件簡單的事，光是聯繫各方人士的時間，就很難配合了，但是旭日團隊總是積極、耐心又努力的，讓每一次的籌備會議都得到很好的磋商成果。例如，法務法儀部份，不論南北或大陸和臺灣在歷史傳承上其實就有很大的差異，要調整一個幾方人士都共同的遵循的方式，就要把每一個細節都說明演練清楚；而志工部份，除了語言不同、文化表達不同，還有對水陸後勤工作的了解與學習程度更是不同，因此前期的教育與訓練，在此次顯得格外的重要。所以有了前期的訓練課程與教授，務使大家動作一致，觀念一致，共識一致，讓大家了解法會品質除了法師法務法儀之外，後勤的支援工作就是志工是否能適時的搭配得上，那也是攸關法會成功與否的關鍵性。

百丈禪寺的義工曾經分享說，他們從來不知道原來法會的品質是如此的嚴謹而這樣的要求會呈現如此的莊嚴，不僅是外觀的壇城設計還是內部的各種接待、物資準備、擺設，再再都顯現法會的細膩和嚴謹。可以見得法師們非常用心籌畫並將經驗如實的分享與帶動，使他們每一位承擔工作時，都感到法喜充滿，雖然

第五篇
雲霧下的省思

只是當志工，但是整個過程卻受到了很大的感動。相信這也一定是 心道法師在平時的時候，就將法儀教導得如實嚴謹嚴格，才能呈現出如此攝受的道場，遂對 心道師父升起了很大的景仰與信心。

龍天示現歡喜

結界前兩小時，身心俱疲得去瞇了一下眼，剛躺下去，就作了一個非常不同平常的夢。夢境是這樣的，夢中出現內壇的十匹官馬，清清楚楚的官馬，每一匹都是不一樣的色彩，馬上的使者也穿著不同顏色的官服，夢境裡我還特別的，一個一個的去數馬的數量，從一、二、三、四、五、六、七、八、九、十、嗯、

▲內壇應該只要十匹馬而已，夢中怎麼出現十二匹呢？

十一、十二，怎麼是十二匹呢，內壇應該只要十匹馬而已，怎麼會多出兩匹呢，正在納悶，但見第十一和十二匹的馬身，是如此得油亮和壯碩，非常清楚的在那裡站著，夢中我還告訴自己說它不是假的官馬，是真真實實的真馬，馬身高挺且馬鬃更是清亮有力。意識中清楚的告訴自己那是兩匹真馬，還是非比尋常的駿馬。正在欣賞這兩匹駿馬時，正式結界的清亮板聲就把我敲醒了！

124

明心子味

第二天和師父報告，剛好楊居士也在場，他們聽了我的夢境，都非常高興的表示，此夢境的訊息正是在告訴我們，百丈禪寺重光啟建水陸的功德緣起，讓未來的百丈道場培育出如同馬祖道一般的兩個大祖師。因為，禪門修行人在修行的過程中，不論修福還是修慧，都會在某些因緣中，出現龍天護法傳送禪門訊息給正在精進修道的道人們，給予指點和給予信心。就在大家都聽到這個訊息後，更是為此次能夠參與百丈禪寺重光的因緣，升起了無量的信心和無量的正念。

當然此次法會有非常多的異象，就在外壇開壇前一天，師父和此次主法的各方大和尚

▲水陸法會期間，天空雲彩呈現多樣的變化，彷彿龍天護法也來參與盛會。

們一一抵達百丈禪寺時，天空就出現了五彩祥雲，久久不散，從十時半開始上供到午時用完午齋，天空的祥雲才慢慢的淡去。

又在外壇啟建灑淨前兩小時，太陽的四周出現彩虹光圈，光圈愈來愈大、色彩依然

始下雨，一直下一直下、還不是小小的小雨而是很大的暴雨，下到第二天的一個整天之後，天氣就開始非常的清爽陰涼，把十幾天來的酷暑都全部帶走了，讓所有拜佛的人和當義工的人，都心神愉快。龍天護法真是照顧我們呀。

▲ 修法期間，天空出現吉祥的光暈，象徵著水陸法會的圓滿與殊勝。

不變，雖然是在太陽四周，我們的眼睛直視他時居然不會感到刺眼和不適。這正應驗了經中說到的，佛光是柔和且不耀眼的。而這個彩虹光圈正是如此的示現。

灑淨當天下午天氣非常晴朗，完全沒有天氣不佳的感覺，可是很奇怪，到了晚上開

最後我感覺非常感應的，是在最後送聖時的異象。送聖是法會的尾聲，就在我們開始佈置送聖的場地時，風，正吹著的是東風，送聖的壇城就在被吹的方向，因此大家商議說應該把送聖壇城和法師功德主們的位置和燒化區的位置拉遠一點，免得會被燒化的灰燼吹到眼睛和全身，因此就把位置拉開到較遠的一方。然後，送聖隊伍由內壇、梁皇大壇繞著

寺院四周，緩緩的進入寺廟後方的送聖現場，和著誦經聲開始一一送聖，奇怪的是，一點火，天空中的風居然吹向了西方，正吹向相反的方向，煙雲緩緩上升到西方的方向去了，實在不可思議。真是讓我感動得說不出話來，佛菩薩真的感應到了，讓法會從頭到尾都如此的順暢，畫下圓滿的句點。真是感恩！再感恩！

還我本來面目

在百丈禪寺的每天傍晚是我們大家最喜歡的時段，也是大家在一天忙碌後可以近距離的親近 師父的唯一時間。 師父除了會帶領我們禪修和開示之外，更是關心我們大家的工作執行狀況，並還特別關心住在百丈老廟的老居士們，因為這裡的生活條件並不好。而師父總是感謝他們把新的好的住宿區讓給我們港台來的志工居士們，因此，師父每天都提早到百丈老廟等大家忙完後過來。

法會進行到第三天，是我們大會辦公室的所有法師和志工們可以鬆口氣的時候，因為大會辦公室的人員都比大家提早了十天到百丈來籌備，法會已經進入狀況，所以大家終於可以暫時放下一切的來到老廟。此次大會辦公室的成員，法師有志工組的洞音法師、報名組的法琳法師、總務組的巖燦法師，義工部份有來自臺灣的呂碧雪、王文彬、茶道游添福、梵行、靜月、艷芬、青

錦、思嫻、嘉恬、芝玉、北京的嵩慧母女、杭州的誼靜、黃居士等等，遂約好大伙來到老廟等 師父開示。

老廟的一切都回歸到當時最重要的公案現場：「不昧因果重開示 靈光獨耀更何求」的野狐公案，著實讓人親身感覺經歷著自己也像野狐一樣，不識因果，輪迴不已的迷昧之身。

師父提出參「輪迴的是誰」、參「父母未生前，什麼是我的本來面目」！

什麼是本來面目呢？輪迴的是誰？誰在這裡輪迴，那個會輪迴的為什麼會坐在這裡？坐在這裡的又是誰呢，有輪迴相就是輪迴，沒有輪迴相就沒有輪迴，打破輪迴相，還我本來面目。阿！「豎窮三際時，橫遍十方界」！無一時不是，無一處不是，也無一物即是，呈現無相離執的本來面目。參。

生活中的弘法者

釋洞音 / 服務中心

這次的江西水陸法會，我的主要業務是協助大會，負責服務中心和志工教育；也就是除了法會活動之外，處理所有法師和志工的食衣住行。因此我在8月11日就先前往江西做準備。

諸行無常　諸法無我

參與這次法會的第一個心得，就是更深切地體會到佛法所說的：「諸行無常，諸法無我」。和在臺灣不同，我們前行團到了百丈，是沒有任何行政和組織資源可以支援的；早上在臺灣，我們簽個字、打個電話，組織力量的後援就來了！下午一飛到江西，廟是別人的、人不認識，文化和觀念也不同！才一天之內，從臺灣到江西，真是萬般帶不走呀！

只有業隨身！就是自己面對，當下回應、當下承擔！觀照不力，心裡煩惱就生；慈悲充滿，事情就迎刃而解！就這樣在兩三天內打點好大家來的時候的食衣住行。

離苦得樂的共同願望

有一天，淨念師跟我商量說，百丈寺的法師問我們能

不能協助法會信眾報名跟文書的工作。我想，何樂而不為呢？

於是第二天一早，大會辦公室就門庭若市，擠滿了來「寫牌」（報名）的信眾！他們都是從各地來做志工的信眾，每天問什麼時候能寫牌，問啊問，終於開放了！大家就擠著來！

婆婆媽媽們七嘴八舌、擠成一團；好不容易輪到了，從口袋裡小心翼翼的掏出一張捲得皺皺、薄薄的紙，上面寫滿了家裡大大小小成員的名字，攤到我的面前。也許因為我是女眾法師，師姐們比較敢講心裡的話吧？每核對一個名字，就多多少少聽著他們的人生，

每一張寫滿了名字的薄薄的紙，都是他們對家人幸福的殷切期盼——期望這個難得的法會，能為他們帶來轉變命運的機會！

無論是吵雜推擠，還是井然有序的排隊；無分文化水平高低，不管經濟能力；也不分臺灣大陸——我聽到人們生命中的痛苦是一樣的！大家想離苦得樂的願望也一樣！

聞即信受的信仰

因為職務的關係，我有比較多的機會跟來自各地的志工相處。除了教團的志工，還有來自弘法寺、百丈寺，以及師父在大陸各地來的弟子，一起護持這次法會的志工工作。

明心了昧

我們安排了一個簡要的講習,來迎接每一組新報到的志工。在短暫的時間裡,志工講習所能教的其實不多,只能教導基本的佛門行儀,和一些水陸工作相關事項的宣導,另外,就是在待人接物的當下,把佛法介紹給他們。

▲兩岸三地水陸志工聆聽志工工作內容。

和志工的相處,令人印象深刻。在法會期間,志工們看到法師總不忘合十問訊;也會在忙完手邊的工作之後,經常過來詢問是不是還有需要幫忙的地方。他們沒有經過什麼訓練,能在這麼短的時間之內,能學習而且念念不忘的實踐佛門禮儀,令人訝異,也看到虔誠可貴的「學佛的心」。

他們對佛法的尊重和渴仰明顯可見。即使有挫折,即使對於所執掌的工作並不拿手,他們仍舊努力,「發了好心」的服務與學習。

生活中的弘法

和其他我曾跟隨過的,師父在大陸的弘法行程相較,這次並沒有大型的傳法或開示的弘法場面,但是卻是我最有跟隨師父「弘法」感受的一次。

每天傍晚，師父幾乎都會到老廟去散步，而我們法師們，自然也就跟隨在旁邊。很多信眾都會抓緊這個機會跟著，聽法、問法。面對信眾的問題，師父總是耐心聆聽，親切地回答。在執事中，我也見到法師們在不同的場合，以不同的善巧在引導、帶領著志工走向佛法。

籌辦這次法會，有著諸多的困難要克服，但，就像師父開示過的：「沒有障礙，功德從哪裡來？」師父帶領著作為弟子的我們，鮮活的在百丈寺呈現：師父隨機逗教，平易可親的禪門宗師風範；師徒相應，在生活中傳遞、實踐佛法的僧團；有為有守，能在當代有所擔當的比丘尼印象。

百聞不如一見。縱使讀書萬卷，也不如這一次在百丈寺的相處來得深刻而有體認。弘法，是讓有緣的人們在這次的因緣裡，活生生的見到修行人如何的承擔與無所掛礙！

無我　離相

面對問題時，師父的法教一直是我最大的依止。師父的法教就是「般若」，就是「離相」，就是「無我」。看待事情，要先放下「我」的執著，才不會困執於自己的想法。這樣就能多一分了解，多一分肯定和尊重，穿透表相去看待事情，才有辦法善意、真誠的去面對和處理。

看到了傳承佛法的使命，也就能理解對傳統的堅持；聽

明心不昧

到了生命離苦得樂的共同願
望，語言與文化的差異也就不
是共事和處眾的隔閡——般若
是實相的智慧，在師父的引領
下，每一件事都是讓我們返觀
自照，參悟本來面目，看到生
命實相的因緣。師父在百丈禪
寺為我們打開的視野是很寬廣
的。

明心不昧

傳承百丈禪風 發揚靈鷲精神

釋恆傳 / 法務中心

百丈禪寺是禪宗的祖庭，當初得知要到百丈禪寺舉辦水陸法會，便先上網搜尋百丈禪寺，雖然是透過電腦螢幕，但仍感覺十分殊勝。

真正走訪百丈禪寺，感到環境清幽、安定、祥和，內心有一份說不出的感動；也曾經到過一些寺院在山中或很偏僻，渺無人跡，並不會讓人有清淨、安定的感覺，但因為百丈禪寺是禪宗的祖庭，聚集了許許多多的修行成就者，所以感覺自然不同。而這裡更有著不同於一般寺院的安定與磁場，正如師父所言：「祖師的

那份三昧力依舊存在。」受到這股感召，在百丈寺很容易發起成佛濟世的願心，在祖師的殿堂裡，在無形的氛圍中，自然而然便能感染到古德的那一份胸襟。百丈禪師雖然已經圓寂，但禪宗法脈、百丈清規對於後世的影響卻是無比的深遠。

我長期在水陸法會擔任法務中心的工作，負責法師的敦聘、法會的法儀、法會進行等等工作，到了江西百丈禪寺，仍然是負責法務中心的工作，此次法師的敦聘並不是由我們負責，所以因此也接觸到許多

▲內壇法師於法堂前合影。

來自四面八方的法師，瞭解到各地不同的風土民情，文化背景；例如在大陸地區，在儀軌方面他們與我們也有稍許的不同，有些許的法儀略短；而相較於師父常教育我們要秉持古法，嚴謹不馬虎，以利益眾生為念，有些差異。

在合作的過程中，我告訴自己能夠做的盡力做好，並留心不足的地方隨時補位。法會中以清淨的菩提心和發心為念，期望能如實的利益眾生把整個法會該呈現、該做好的地方做好，用菩提心來圓滿成就這一切。水陸法會在內壇啟壇結界後，天候就陰雨綿綿，雲霧始終籠罩著百丈禪寺，但到了送聖時，陽光和彩雲在空中敞開，感到十分殊勝，我想這是眾人的努力成果，使得法會能夠圓滿。

明心不昧

在這次的百丈禪寺水陸法
會有很多的省思及加持；其中
可以感受到環境的重要性，在
百丈禪寺無論是齋堂、禪堂或
種種硬體設施，都很有規模，
就像是一個大叢林，這是靈鷲
山可以學習的地方，因為有好
的軟體也需要硬體才能展現出
來。同時也祈願靈鷲山的大眾
們，相互鼓勵，一同發起菩提
心，把那份磁場、那份安定
清淨、那份慈悲，像百丈禪寺
一樣流傳後世，成為楷模與典
範。

第五篇
雲霧下的省思

明心子味

放下自己 促成圓滿

釋法益 / 法務中心

在本次江西水陸法會，我所擔任的是法務中心外壇部窗口、供品及法師接待組，由於本次法會是由兩岸多方寺院合作，因此所面臨的問題較以往複雜，在彼此的法務流程、法儀、供品⋯⋯等等作法上都有很大的差異，必須彼此相互配合及認同，才能讓整場法會圓滿。例如：壇城上供品擺設位子，因各家擺放位子不同，志工一天內受到多處法師的指導，因而讓志工們在分享時說真是讓他們學習到很大的耐心和修正力，因為必須一次又一次的學習被指導⋯⋯，最後大會決定就依常住法師指導而置放。

在上堂說法時，由於主法老和尚年紀較長，腳力不好，因此不太能走太遠的路程，而原定安排的請師動線，是出法堂後右轉，再左轉直至大殿，路程較短，也符合主法和尚的腳力；但實際上法師出法堂後便向左轉，整整遶了一大圈，與原定的路線多了三到四倍的路程，我很怕老和尚吃不消；但後來想想，這樣也好，因為整個隊伍很長，這樣的路線規劃可以將隊伍整個拉開，隊伍不會通通擠在一起，看起來反而更加莊嚴、隆重、攝受。

這次江西水陸法會最令我難忘的是百丈寺的環境，一開

始踏進百丈寺，就有一種說不出的感覺，彷彿環境以一種無形的力量與我們同在，整個環境很自然的善發出寧靜、安定的攝受力。而最令人感動的是志工們。不管是百丈寺、弘法寺還是靈鷲山志工，每位都是非常的認真、負責，保持著自利利他的心來參與這場法會，一有空就會做功課，一有空就會關切別組有無需要幫忙，很主動補位，沒有人有任何抱怨，反而常聽到志工說：「自己不夠好不夠細心、還有更多需要學習的。沒有做好的地方，請一定要告訴我。」每位志工都把握這難得的機會，好好的精進，我相信每位參與過江西水陸法會的志工，內心必然充滿法喜，也同樣感受到百丈禪寺所帶來的寧靜與殊勝。

在法會進行前，師父總不厭其煩地囑咐我們，這次是第一次來到大陸和其他的寺院合作辦理，所以在法會期間，必然會出現許多的阻礙、困難，這時一定要將自己姿態放低，不要自以為是，而是要一切以圓滿法會、冥陽兩利為主，不要爭吵、不要爭誰較好、不要心生怨念，……。因此當發生意見不合時，心中便會出現師父的叮嚀，把姿態放低，一切以利益眾生為重……。所以這次法會能夠成功，實在都是有賴師父的叮嚀與教誨，只要依照師父的交待去實踐，自然就可以少了很多的煩惱、障礙、也可以較快消化煩惱。

明心子味

感受內心的寂靜

鄭阿善 / 內壇志工

2011年桃園巨蛋水陸空法會結束後，便啟程到江西百丈禪寺協助辦理水陸法會。這次的法會除了靈鷲山、百丈禪寺外，大金山寺、柏林寺、弘法寺也都派志工前來協助，因此人力充足。在江西水陸之前，我總計參加過二十三場的水陸法會，靈鷲山這十八年所辦的水陸法會，我沒有一場缺席過，每個職務都協助過，在內壇更服務了十二年。

到了江西，我同樣協助內壇的佈置，並指導弘法寺的志工，他們是一群年輕的大孩子，第一次協助內壇，所以都很努力的學習，每一位都充滿

法喜，相處的十分融洽，法會後紛紛表示願意前來臺灣觀摩水陸法會。弘法寺也曾辦過水陸法會，但他們對於我們的佈置無不感到讚嘆，認為十分莊嚴。

百丈禪寺位處深山中，車程大約要兩個半小時，環境十分幽靜，是一個得天獨厚的禪修道場，進入道場便能感受到內心的寧靜，相較於靈鷲山無生道場的外放，百丈禪寺顯得內斂。寺院的生活十分規律，每天清晨以早課開始一天的作務，入夜做完晚課後便入禪堂打坐，令人感受禪宗祖庭的老實修行。在閒暇時刻，走入群

山中，當下便覺得整個心都放下了，這是我從未有的感受。

▲食存五觀，禪門過堂，威儀嚴謹。

在江西水陸期間，最難忘的莫過於過堂，在百丈禪寺過堂十分嚴格執行禁語，也因此用餐時內心是平靜的。而食物也要求都要吃完，讓人學會惜福。一開始很不習慣嚴格的用餐秩序，還因此胃痛，此外也發生了幾件難忘的事，例如：有一次餐點裡有辣椒，因我本來就不敢吃辣椒，便將辣椒放到碗裡，此時法師見到，便大聲說：「全部吃完，不能

剩！」當場我不知所措，還好隔壁師姐提醒我打包帶走。還有一次，餐點名稱是米湯，心裡不禁納悶是湯還是飯？正在猶豫要不要取菜時，便聽到法師大聲說：「不要發呆！快點吃！」聽完我趕緊把米湯一口氣喝完。

參與此次江西百丈寺水陸法會，我最佩服的是心道師父的身教，從他的身上我看到了謙卑、包容。在抵達江西水陸前，師父總不厭其煩地提醒我們，到別人的寺廟作息，對三寶要恭敬，要盡一切心力配合對方。江西的水陸法會是靈鷲山和百丈禪寺、大金山寺、柏林寺、弘法寺共同舉辦的，要融合各寺的教條、宗風，實在是一門學問。

明心不昧

　　很慶幸我們做到了，在法
會期間沒有任何摩擦、爭執，
一切的學習都有滿滿的收穫。
我常覺得投身志工行列就是一
種學習，學習扮演好自己的角
色，面對不同的人、事、物，
在這次江西之行，我學習到嚴
謹；懷著一顆嚴謹的心，約束
自己的行為。希望將來有更多
的人能參訪百丈禪寺，感受其
特有的寂靜。

明心不昧

沈澱心靈 感受莊嚴

紀明意 / 外壇志工

三十年前兩岸還未開放，由於工作的需要，我輾轉來到大陸沿海地區洽談合作事宜，當時對於佛法的認識不深，卻有心向佛，因此參訪了許多古寺，但由於大陸當時主張無神論，因此廟宇所見的和尚，都是朝九晚五的和尚，自然也無緣向高僧求法。隨後結識了靈鷲山吳阿緞師姐，經引薦開始接觸心道師父，妙實法師提拔投身水陸空法會的志工，起初擔任三年的外壇場地組組長，後擔任法會的副總幹事九年，共承擔十七場水陸空大法會。

第一次參加水陸空法會時，母親已是肝癌末期，我將功德一半給予梁皇大壇的志工們，一半給予我的母親，此後一路學習佛法。師父的身教言教對我影響很大，也改變了我的人生觀。還未修習佛法的我，個性好強爭勝，不苟言笑。業界的會計看到我，往往避之唯恐不及，猶如看到閻羅王般。但自從認識師父，開始修習佛法後，懂得放下身段，學習包容，原本無法容忍的事，如今都能忍下來，周遭的友人無不感到驚訝，感謝師父使我成為眉開眼笑的菩薩。

在江西水陸法會期間，主要擔任志工與法師間的橋梁，佈達法師的意見，並負責外壇

的場地、場佈工作。外壇的佈置除了我們之外，弘法寺的志工也一同從旁協助，和我們的佈置相較，他們的佈置較為樸實，以桌巾為例，他們往往直接將桌巾鋪在桌上，因此當我們用手捏出一條條折線，設計出多樣的款式時，他們無不感到佩服與讚嘆。就連對方高層也認為十分莊嚴、華麗，佩服我們的巧思。因此當我們準備撤場時，特別要求不要拆除桌巾，待「百丈禪寺落成佛像開光慶典法會」時使用。能得到對方的認同，讓所有靈鷲山的志工感到十分法喜。

在江西，最讓我印象深刻的是過堂，雲板一響，所以人便坐定位，法師扛起桶子，一一替信眾、法師打飯菜。江西水陸的過堂十分嚴格，用餐時間一到，便關起門不讓人進入，不像我們臺灣隨時可以取餐。因此在江西，雲板一響，所有人便放下手邊工作前去用餐，而離開餐廳時間也有規律，要排班同進同出。雖然嚴格，但大家也都能夠接受這樣過堂用餐的方式，更何況法師們也和大家一同用餐，享用相同的菜餚，感覺與法師更為親近。

將來我仍願意追隨著師父四處舉辦法會，抱持著謙卑的心，讚揚、學習別人的優點，注意、留心自己的缺點，相互學習成長。

明心子味

禪味法水的洗禮

游添福 / 貴賓接待

二十幾年前,聽聞福隆山上有一位苦修的師父,於是便上山探訪,當時靈鷲山還未建設完成,沒有道路只有小小的軌道,信徒上山都要提著沙袋協助建設,但也正是這幾桶沙的因緣,和師父結下了法緣。不久到了桃園講堂,並在水陸法會擔任義工,服務過焰口組、贊普組、廣播組、三師接待等,如今在師父的貴賓室服務,並擔任過戒德老和尚的侍者。

我從事茶文化推廣、教學的工作已三十年,對於茶的評鑑更是我所專注的事,因此2005年接任了「無生茶禪會」

的指導老師。「無生茶禪會」代表著師父「慈悲與禪」的禪風,負責接待、引禮的工作,以及茶禪的表演。希望透過服務、修禪的過程中,學習專注、真誠、奉獻,用茶和每一個人接觸。本身經營的「普門茶品」已交由第二代管理,所以只要靈鷲山一通電話,我都會前去幫忙,加上十分仰慕百丈禪寺的禪風與清規,因此便促成了這次江西行。

在江西水陸期間,負責在「待賢閣」接待貴賓、梁皇大壇的法師,以及當地的領導。我們秉持著尊重的精神,高規格的款待各方貴賓,大陸的法

師、貴賓從未體驗過我們這種端莊、自然的接待方式，無不表達感謝與歡喜。

師父在「平安禪」裡說「大地平沈」，當下很難去體會何謂「大地平沈」，只能用想像去揣摩，但到了百丈禪寺，自然而然呈現出的便是「大地平沈」，無須刻意的想像，便能感受到禪味法水的注入洗禮。到了百丈古剎，體悟到「清覺」，大地乾淨、寧靜，磁場淨雅，了了分明，念念合一，清清楚楚，明明白白。直覺更勝一籌。

法會期間，印象最深刻的是懸幡、懸掛九蓮燈時，天空出現了日暈的瑞相，我拿起相機捕捉這難得的畫面，無意間卻拍到了佛菩薩，仔細端詳，我直覺是戒德老和尚的法相。我將照片拿給師父看，師父大為讚嘆，說：「你真的拍到了佛菩薩！這是一個相應！」諸佛菩薩的顯現，讓我對法的修持更有信心、更為踏實。

師父在平時教導我們，接觸群眾時做慈悲的工作，平時做禪修的功課，「體自空寂」才是真功德。在這次水陸期間，有許多不同的團體參與，難免會產生隔閡，但合作的目的無非為了成就這場法會，慈悲一切有情眾生。合作時若是慈悲、包容、尊重都拿不出來，那怎麼叫水陸法會？因此靈鷲山的志工無不放下身段，而這都是師父的法教，亦即「工作即是修行，生活即是福田」的道理。

明心子味

明心了味

明心不昧

百丈禪寺祖庭水陸禪

總監修 / 釋心道
總策劃 / 釋了意
編著 / 靈鷲山出版暨研究中心
主編 / 洪淑妍
責編 / 陳冠佑
協力編輯 / 釋寶燦、阮馨儀
美編 / 宋明展、唐敏淳
圖片提供 / 釋寶燦、游添福、靈鷲山資料中心

發行人 / 歐陽慕親
出版發行 / 財團法人靈鷲山般若文教基金會附設出版社
地址 / 23444新北市永和區保生路2號21樓
電話 / （02）2232-1008
傳真 / （02）2232-1010
網址 / www.093.org.tw
讀者信箱 / books@ljm.org.tw

法律顧問 / 永然聯合法律事務所
印刷 / 大亞彩色印刷製版股份有限公司
初版一刷 / 100年12月
定價 / 新臺幣250元
ＩＳＢＮ / 978-986-6324-11-6

國家圖書館出版品預行編目(CIP)資料

明心不昧：百丈禪寺祖庭水陸禪 / 靈鷲山出版暨研究中心編著
-- 初版 -- 新北市：靈鷲山般若出版，民100.12
面；公分
ISBN 978-986-6324-11-6 (平裝)

1.佛教法會 2.禪宗

224.12   100024624